Q&Aでわかる
生活保護の誤解と利用者の実像

間違いだらけの生活保護バッシング

生活保護問題対策全国会議 編

明石書店

はじめに

「正直者はバカを見る」のか？

人気お笑いタレントの母親が生活保護を受給していることを女性週刊誌が報じたことを契機に、生活保護に対する異常ともいえるバッシングが沸き起こりました。

週刊誌には「不正受給が横行している」「働くより生活保護をもらった方が楽で得」「不良外国人が日本の制度を壊す」といった見出しが躍り、テレビでも不正受給ばかりが取り上げられ、自分の知っている生活保護利用者の行状についての「通報」を視聴者から募る番組まで現れました。

一連の報道の第一の特徴は、そもそも民法上の扶養義務とはどのようなものなのか、また、なぜ扶養が生活保護上保護の要件とされていないのかという点についての正確な理解を欠いたまま、息子としての道義的問題を不正受給の問題にすりかえて、「不正受給」が行われているかのような感情的な追及がなされた点にあります。

また第二の特徴は、極めてレアケースではあるものの世間の注目を集めた人気お笑い芸人の件を契機として、あたかも生活保護利用者全般や生活保護制度そのものに問題があるかのようなバッシングがなされた点にあります。「今の生活保護制度は『正直者がバカを見る』仕組みになってしまっている」という論調です。

「正直者がバカを見る」という言葉にはいくつかの意味あいが含まれているようです。そのひとつ

は、「本来生活保護を受けるべきでない悪賢い人がずるく立ち回って生活保護を受けている」というものです。この中には、「いわゆる不正受給者が増えている」というニュアンスから、「日本人の美徳である恥の意識が薄れて気楽に生活保護を受ける人が増えている」というニュアンスまで含まれています。

しかし、実は「不正受給」は、金額ベースで受給者全体の0・4％弱という数字で推移しているのに対して、生活保護の捕捉率（利用資格のある人のうち現に利用している人の割合）は2〜3割にとどまっています。客観的なデータを見ると、むしろ、日本では必要な人に保護が行きわたっていないこと（漏給）の方が大きな問題なのですが、そのことはほとんど知られていません。生活保護利用者が増えたといっても日本での利用率は人口の1・6％に過ぎず、先進諸国（ドイツ9・7％、イギリス9・3％、フランス5・7％）に比べると異常と言ってもよい低さです。これは、日本では生活保護を使うことが「恥」であるという意識が強く、「できる限り使いたくない制度」になってしまっていることによります。2012年に入ってから全国で餓死や孤立死が相次いでいますが、餓死するほど困窮しても生活保護を使おうと思えないことのほうが大きな問題ではないでしょうか。

また、「正直者がバカを見る」という言葉の中には、「まじめに働いているほうが生活保護を受けているよりも苦しい生活を強いられている」とか、「まじめに年金保険料を支払ってきたのに年金よりも生活保護費の方が高い」といった意味合いも含まれていると思われます。

しかし、おかしいのは、まじめに働いたり、保険料を納めても生活保護費以下の賃金や年金しか得られない労働法制や年金制度のあり方のほうではないでしょうか。雇用の崩壊と高齢化の進展が深刻であるのに雇用保険や年金等の社会保障制度が極めて脆弱であるという社会の構造からして、生活保護利用

はじめに

者が増えるのは当然です。なのに、こうした社会の構造には目を向けずに、生活保護制度やそれを利用している人にだけ焦点を当ててバッシングするのでは、問題の解決につながりません。

バッシングを利用する「政治」

ところで、今回のタレントバッシングの中心となった世耕弘成議員と片山さつき議員は、自民党の「生活保護に関するプロジェクトチーム」の座長とメンバーです。

自民党が2012年4月に発表した生活保護制度に関する政策には、①生活保護給付水準の10％引き下げ、②自治体による医療機関の指定、ジェネリック薬の使用義務の法制化などによる医療費の抑制、③食費や被服費などの生活扶助、住宅扶助、教育扶助等の現物給付化、④稼働層などを対象とした生活保護期間「有期制」の導入などが並び、財政抑制のみが先行した施策となっています。世耕議員らは、自党の政策を実現するためにタレントバッシングを意識的に煽り、利用しようとしたことが明らかです。

しかし、より問題なのは、自民党の生活保護に関する政策について、現政権の野田首相も「4か3・5くらいは同じ」と述べたり、小宮山厚生労働大臣も「自民党の提起も踏まえて、（生活保護基準を）どう引き下げていくのか議論したい」と述べたりし始めたことです。小宮山大臣は、「親族側に扶養が困難な理由を証明する義務」を課すと、事実上扶養を生活保護利用の要件とする法改正を検討するかのような考えまで示す始末です。しかし、今回のタレントの例外的な事例を契機に、制度の根幹に関わる法改正を行うということ自体が乱暴極まりない話です。

さらに大変なことに、民主・自民・公明の3党は、2012年6月15日には、社会保障・税改革関連

法案とともに「社会保障制度改革推進法案」なるものを今国会で成立させることに合意しました。同法案は、「自助」（自己責任）を強調し、「給付の重点化、制度運営の効率化」「社会保障費抑制推進法案」によって「負担の増大を抑制しつつ、持続可能な制度を実現する」としていて、社会保障費全体を抑制する方向へ動いています。「生活保護」は、当事者団体がほとんどなく、もっとも批判の声が出にくい面に立たされているのです。

かつて、小泉政権下においては、毎年2200億円社会保障費を削減するなどの徹底した給付抑制策が推進され、その行きつく先が、「保護行政の優等生」「厚生労働省の直轄地」と言われた北九州市における3年連続の餓死事件の発生でした。こうした施策が日本の貧困を拡大させたとして強い批判を招き、政権交代に結びついたのに、今、同じ過ちが繰り返されようとしています。

まな板に載せられているのは私たち皆の生活

今回の一連の報道やバッシングは、厳しい雇用情勢の中での就労努力や病気の治療など、個々が抱えた課題に真摯に向き合っている人、あるいは、苦しい中で、さまざまな事情から親族の援助を受けられず、「孤立」を余儀なくされている高齢の利用者など、多くの生活保護利用者の心と名誉を深く傷つけました。私たちが、緊急に実施した「生活保護緊急相談ダイヤル」には全国から悲鳴のような生活保護利用当事者の相談が殺到しました（第4章参照）。

2012年に入ってから全国で「餓死」「凍死」「孤立死」が相次いでいます。今、本当に必要なこと

はじめに

は、雇用や社会保険、子育て支援など生活保護制度の手前にあるセーフティネットを充実させ、生活保護への過度の負担を取り除くことです。なのに、雇用や他の社会保障制度の現状を放置したままで生活保護制度のみを切り縮めれば、餓死者・自殺者が続発し、犯罪も増え社会不安を招くことが目に見えています。

今回のバッシングで直接たたかれているのは生活保護制度であり、その利用者です。しかし、実は、まな板に載せられているのは、雇用や社会保障の制度のあり方そのものなのです。目下の状況をすべて生活保護制度のせいにして解決しようとすることは、雇用や社会保障制度の不備には目をつぶるという選択をするということです。生活保護バッシングに奔走するマスコミや人々は、実は自分たちやその家族の未来の生活保障をバッシングする片棒を担がされてしまっているのです。

私たちは、今回の一連のバッシングに心を痛め暗澹たる思いを持ちながらも、何かできることをしなければとの思いから、繰り返し声明や意見書を出し、記者会見をするなどしました（詳細は生活保護問題対策全国会議のブログをご覧ください）。その後、心ある記者の方々からの取材が殺到し、マスコミの報道の仕方もかなり変わり、冷静な報道が増えたと思います。この経験から、より多くの市民の方々に、客観的なデータや正確な知識を知っていただくことが何よりも大切なことであると考え、本書を緊急出版することにした次第です。

本書が、一人でも多くの方に読まれ、生活保護制度や社会保障制度全体のあり方が冷静に議論される一助となれば幸いです。

2012年7月　生活保護問題対策全国会議

もくじ 間違いだらけの生活保護バッシング

はじめに 3

第1章 Q&A：生活保護の誤解と利用者の実像 10

1 そもそも生活保護って、どんな制度なの？ 10

2 親・きょうだい（扶養義務者）がいれば生活保護は受けられないの？ 12

3 人気お笑い芸人の母親が生活保護を受けていたことが話題になったけど、高額所得の息子がいるのに親が生活保護を受けるのはおかしくない？ 15

4 諸外国では扶養義務と生活保護の関係はどうなってるの？ 17

5 扶養義務者に扶養できないことの証明義務を課す法改正をするっていう話が出ているけど、改正したらどうなるの？ 20

6 生活保護の人はけっこう贅沢して楽しんでいるんじゃないの？ 22

7 保護費をギャンブルや酒に使っている人って一体何なの？ 24

8 生活保護受給者がどんどん増えて過去最多になったってホント？ 日本の受給者の数は多すぎるのでは？ 27

9 生活保護の基準が甘くなって、保護を受ける人が増えているの？ 29

10 働けるのに働かないで保護費を受け取っている人が増えてるんでしょ？ 31

11 生活保護を受けるのが「恥」だという意識が薄れてきて、平然と保護を受ける人が増えるのは困りものでは？ 33

第2章　生活保護利用者の声 ───── 51

12　日本の生活保護費は国や地方の財政を圧迫しているんでしょ？
13　悪質な不正受給が増えているんでしょ？　35
14　不正受給を取り締まるため、福祉事務所にどんどん警察官OBを配置したらいいんじゃない？　38
15　年金や最低賃金の額よりも生活保護費の方が高いっておかしくない？　39
16　デフレなんだから生活保護費を下げても問題ないんじゃない？　42
17　無駄な診療をなくすため、生活保護受給者にも医療費を窓口で一部自己負担させるべきでは？　44
18　無駄をなくすため生活保護の住宅や食料などは現物で給付するようにしたらどう？　48

1　生活保護を利用しながら、初めて私は自分を肯定することができました／2　障害をもつ者として、扶養義務強化について思うこと／3　高齢の受給者には求人がない。でも、こつこつと努力は続けています／生活保護問題対策全国会議に寄せられた当事者の声

第3章　マスコミによる生活保護報道の問題点　水島宏明 ───── 68

第4章　生活保護"緊急"相談ダイヤルの結果報告 ───── 77

第5章　生活保護バッシング、餓死・孤立死事件と生存権裁判　井上英夫 ───── 92

第6章　生活保護をめぐる最近の動きと改革の方向性　吉永　純 ───── 98

第1章 Q&A‥生活保護の誤解と利用者の実像

Q1 そもそも生活保護って、どんな制度なの？

自力で生活できない人々を、国家として助ける制度（公的扶助制度）が世界各国にあります。日本では生活保護法がその代表で、憲法第25条の「生存権保障」に基づくものです。

生活保護は、現に生活に困っていれば誰でも権利として受けられるものです。たとえ、働ける年齢層であっても同じです。また、住まいのない場合でも同じです。年金が少ない場合にも、不足分について受けることができます。この制度のおかげで、誰もが安心して暮らしていくことができるため、最後のセーフティネットと呼ばれています。

生活保護はぜいたくだ、生活保護世帯の方が恵まれている、もっと厳しくすべきだという意見や批判があります。しかし、生活保護制度や生活保護費（最低生活費）は、日本という国の根幹や形態を定め

ており、「生活保護受給を余儀なくされる貧困層を救う制度」という以上の意味があるということは、あまり知られていません。

生活保護という制度や生活保護費に何らかの変更を加えることは、さまざまな部分に影響を及ぼします。なぜなら、生活保護基準は、暮らしに役立つ制度が利用できるかどうかの基準（適用基準）の物差しとして使われているからです。

例えば、就学援助の通用基準や公営住宅家賃が安くなる減免基準を、生活保護基準の何倍の収入や所得というようにしている自治体が少なくありません。また、就学援助の学用品費などの支給金額は、生活保護の教育扶助額と連動しています。

また、課税基準にも影響します。最低生活費が減額されれば、地方税非課税の上限が引き下がります。すると、これまで地方税を課税されていなかった世帯にも課税が行われ、生活が圧迫されることになります。

さらに、最低賃金とも密接な関係があり、最低生活費が引き下げられれば、最低賃金も連動して引き下げられます。最低賃金もまた、憲法第25条が定める「健康で文化的な最低限の生活」を保障するという目的に応じて定められているからです。最低賃金が引き下げられることにより、労働のコストは全般的に現在より低く見積もられ、あらゆる層で収入が低減することにもなります。

このように、生活保護基準が引き下げられると、各種制度を利用できる対象者の枠を狭くし、課税世帯を増やし、賃金を引き下げることになり、国民生活全体の水準を引き下げることにもつながります。

その結果として、消費は抑制され、新たな不況の糸口ともなりかねません。つまり、生活保護基準を下

げろという意見は、自分で自分の首を締めているに等しいのです。

逆に、生活保護基準を引き上げると、生活保護を受けていない人も各種制度を利用できるようになったり、非課税になったり、最低賃金が上昇したりと、生活の向上になります。

暮らし全体を良くしていくためには、生活保護基準の引き上げと制度改善が必要です。

Q2 親・きょうだい（扶養義務者）がいれば生活保護は受けられないの？

A2 そんなことはありません。扶養は生活保護の前提条件ではありません。

扶養は保護の前提条件ではない

扶養義務と生活保護の適用関係について、生活保護法4条2項は、「民法に定める扶養義務者の扶養は保護に優先して行われるものとする」と定め、あえて「要件として」ということばを使っていません。

「扶養が保護に優先する」というのは、保護受給者に対して実際に仕送り等の扶養が行われた場合は「収入認定」をして、その援助の金額の分だけ保護費を減額するという意味です。扶養義務者による扶養は保護の前提条件とはされていないのです。親・きょうだいがいても、現実に十分な仕送り等がされておらず、最低生活費以下の収入しかないのであれば、生活保護を受けることはできます。

この点は、厚生労働省も、自公政権時代の2008年に「扶養が保護の要件であるかのごとく説明を行い、その結果、保護の申請を諦めさせるようなことがあれば、これも申請権の侵害にあたるおそれがあるので留意されたい」との通知を出しています[2]。

扶養を保護の要件とするのは前近代社会への回帰

1929年に制定された救護法という法律では、扶養義務者に扶養能力があるときは、まずは扶養義務者が扶養しなければならないとして、扶養が保護の要件とされていました。その趣旨は、民法の認める扶養義務者がいるのに国が救護してしまうと家族制度（イエ制度）が破壊されてしまうから、というものでした[3]。1946年に制定された旧生活保護法でも、同様に「扶養義務者が扶養をなしうる者」は実際に扶養援助がなされていなくても保護の要件を欠くとされていました。

しかし、1950年に制定された現行生活保護法では、この欠格条項は撤廃されました。立法作業を担当した当時の厚生省保護課長であった小山進次郎は、その趣旨を次のように説明しています。

「一般に公的扶助と私法的扶養との関係については、これを関係づける方法に三つの型がある。第一の型は、私法的扶養によってカバーされる領域を公的扶助の関与外に置き、前者の履行を刑罰によって担保しようとするものである。第二の型は、私法的扶養によって扶養を受け得る筈の条件のある者に公的扶助を受ける資格を与えないものである。第三の型は、公的扶助に優先して私法的扶養が事実上行われることを期待しつゝも、これを成法上の問題とすることなく、単に事実上扶養が行われたときにこれを被扶助者の収入として取り扱うものである。而して、先進国の制度は、概ねこの配列の

順序で段階的に発展してきているが、旧法は第二の類型に、新法は第三の類型に属するものと見ることができるであろう」[4]。

つまり、もともと「イエ制度」を守るために扶養は保護の要件とされていましたが、これは封建的で時代錯誤なので、1950年の段階で現行制度のように改めたのです。現代において扶養を生活保護の要件とすることは、60年以上も前の前近代社会に逆戻りすることになります。

〔注〕

1 生活保護の要件について定めた生活保護法4条1項の規定は、「保護は、生活に困窮する者が、その利用し得る資産、能力その他あらゆるものを、その最低限度の生活の維持のために活用することを要件として行われる」と定めている。

2 昭和38年4月1日社保第34号厚生省社会局保護課長通知「生活保護法による保護の実施要領の取扱いについて」第9の2(『生活保護手帳2011年版』288頁)。

3 新版注釈民法(25) 756頁。

4 小山進次郎『改訂増補生活保護法の解釈と運用』119頁。

14

Q3 人気お笑い芸人の母親が生活保護を受けていたことが話題になったけど、高額所得の息子がいるのに親が生活保護を受けるのはおかしくないか？

A3 両者が別居しているのであれば、おかしいとは言い切れません。

扶養のあり方は機械的には決められない

まず、民法上、強い扶養義務を負うのは、夫婦同士と未成熟の子どもに対する親だけです。成人した親子同士や兄弟姉妹同士の扶養義務は、「扶養義務者とその同居家族がその者の社会的地位にふさわしい生活を成り立たせた上でなお余裕があれば援助する義務」にとどまります。

そして、具体的な扶養の程度や方法は、まずは当事者間の協議で決め、その協議が整わないときには家庭裁判所が「一切の事情」を考慮して決めることになっています。「一切の事情」というのは、扶養を求める側の困窮度や、扶養する側がどれくらいお金を持っているかだけでなく、両者の関係性や扶養に関する意思、社会保障制度の利用可能性などのさまざまな事情です。親族関係はさまざまであり、親族であるがゆえに愛憎相半ばするデリケートな関係となっていることも少なくありません。ですから、法律は、具体的な扶養のあり方について、国家が介入して一律機械的に決めることは避け、まずは当事者間の話し合いに委ねています。そして、国が介入する場合も「一切の事情」を考慮して慎重に決める

表1　民法上の扶養義務

根拠条文	親族関係		扶養義務の有無	扶養義務の程度		扶養の程度・方法の決定
民法752条	夫婦		常に扶養義務を負う	強い扶養義務（生活保持義務）	扶養義務者が文化的な最低限度の生活水準を維持した上で余力があれば自身と同程度の生活を保障する義務	①まずは当事者間で協議して決める。②協議が整わないときは、家庭裁判所が「一切の事情」を考慮して決める。（民法879条）
絶対的扶養義務者（民法877条1項）	直系血族	未成熟子に対する親				
		成人した親子等		弱い扶養義務（生活扶助義務）	扶養義務者とその同居の家族がその者の社会的地位にふさわしい生活を成り立たせた上でなお余裕があれば援助する義務	
	兄弟姉妹					
相対的扶養義務者（民法877条2項）	3親等内の親族		家庭裁判所が「特別の事情」があると認めた例外的場合だけ扶養義務を負う。			

ことにしているのです。

生活保護と扶養義務者

Q&A2で述べたとおり、親族の扶養は生活保護適用の前提条件とはなっていません。しかし、生活保護法は、扶養義務者が本来、扶養すべきなのに援助しないケースでは、扶養義務者から費用を徴取できるという規定をおいています[1]。したがって、現行法でも、明らかに多額の収入や資産があるのに扶養をしない扶養義務者に対しては、この規定を利用して費用徴取をすることができます。そして、具体的な仕送りの金額については、生活保護法でも、まずは福祉事務所と扶養義務者との間の話し合いにより、話し合いがつかないときには福祉事務所の申立てによって家庭裁判所がこれを決めることとされています[2]。ここでも、福祉事務所が強権的に扶養を強要するような形になるとかえって親

族関係がこじれ、精神的な援助さえされなくなってしまう可能性があるので、慎重な配慮が必要です。今回のお笑い芸人のケースでは、高収入を得るようになってから福祉事務所と協議のうえ仕送り額を決めて仕送りをし、要請に応じて増額もしたということです。収入と仕送り額によっては、道義上その金額の妥当性が問題になる可能性は残りますが、少なくとも芸人の母親の生活保護受給が「不正受給」にあたらないことは明らかです。

[注]
1　生活保護法77条1項「被保護者に対して民法の規定により扶養の義務を履行しなければならない者があるときは、その義務の範囲内において、保護費を支弁した都道府県又は市町村の長は、その費用の全部又は一部を、その者から徴収することができる」
2　同条2項「前項の場合において、扶養義務者の負担すべき額について、保護の実施機関と扶養義務者の間に協議が調わないとき、又は協議をすることができないときは、保護の実施機関の申立により家庭裁判所が、これを定める」

Q4 諸外国では扶養義務と生活保護の関係はどうなってるの？

ほとんど問題にさえなりません。日本の扶養義務の範囲は先進国の中でも広すぎます。

表1　ヨーロッパ４ヶ国における扶養義務者の範囲

国	扶養義務者の範囲
イギリス	夫婦（事実婚含む）と未成熟子（16歳未満）に対する親
フランス	夫婦と未成熟子（事実上25歳未満）に対する親
スウェーデン	夫婦（事実婚（sanbo）含む）と未成熟子（18歳未満）に対する親
ドイツ	夫婦、親子及びその他家計を同一にする同居者

日本と似て非なるドイツ

ドイツでは、兄弟姉妹間の扶養義務はありませんが、成人した親子間でも扶養義務を課している点は日本と同じです。しかし、高齢者・障害者に対する扶養義務は、年10万ユーロ（約1200万円）を超える合算資産がある親又は子に限られています。これは、高齢者や障害児を持つ世帯の貧困が社会問題となり、2003年に導入された「基本生計保障」制度において事実上扶養義務の範囲を狭め、上記課題の解消を図ったものです。

ドイツでも、同居していない扶養義務者から実際に扶養が行われれば収入認定の対象となります。日本と同様、扶養は保護の要件ではなく「優先」関係にあると言えます。同居していない扶養義務者が扶養を行わない場合には、扶養請求権を実施機関に移転させて償還請求をすることができるという、日本の生活保護法77条と似た規定がありますが、扶養権利者本人（未成年者は除く）が請求を望まない場合は例外とされています。つまり、扶養を求めるかどうかを保護申請者に委ねており、実施機関は、当事者の意に反して扶養義務者に対する償還請求をすることはできないのです。

その他の国々

表1のように、イギリス、フランス、スウェーデンなどでは、扶養義務を

第1章 Q&A：生活保護の誤解と利用者の実像

負うのは、夫婦間と未成熟子に対する親だけなので、そもそも成人した親子や兄弟同士での扶養義務が問題になること自体があり得ません。ちなみに、スウェーデンでは、最低保障年金と住宅手当があるので、高齢者が生活保護（生計援助）を利用すること自体が稀ですが、高齢者自身の生活保護を満たしていれば、例え十分な収入のある子ども夫婦と同居していたとしても生活保護を利用することができます。

こうした国に住む人たちからすれば、今回話題になった芸能人の母親の生活保護受給は、一体何が問題なのか意味がわからないと思われます。

扶養義務の強調は社会の実態に合わない

「無縁社会」とまでいわれる現在、扶養義務の根拠と言われる「親族共同生活体」という観念は実体を欠くものとなっています。「少子化、核家族化とともに兄弟姉妹の数も少なく、これらの者が成人した後隣居生活をすることは稀であり、それぞれ離れて独立の生活を送っている場合には交流も少なくなる」ことから、学説でも、兄弟姉妹については、3親等内の親族同様、「特別の事情」がある場合に家庭裁判所の審判によって扶養義務を負わせるようにすべきという見解が有力です[1]。

諸外国の例を見たとおり、日本の現行民法が定める親族的扶養の範囲は、近代法に類例をみないほど広範です。特に一緒に生活をしていない親族にまで扶養義務を課していることを考えると、生活保護の適用場面で親族の扶養義務を強調することは適切ではありません。近代的な親族法のあり方からしても、生活保護制度を整備強化することによって、できるだけ私的扶養の機会を少なくすることが望ましいと

19

言えます[2]。

〔注〕
1 新版注釈民法（25）771頁。
2 裁判所職員総合研修所監修『親族法相続法講義案（6訂補訂版）』195頁。

Q5 扶養義務者に扶養できないことの証明義務を課す法改正をするっていう話が出ているけど、改正したらどうなるの？

A5
結果として、当事者には不可能を強い、実質的には扶養を要件化し、水際作戦を助長することになるでしょう。

扶養義務を果たさない人は許せない、そういう「不正」は許せない、ということでしょうね。でも、残念ながら、実態を理解していない暴論ではないでしょうか。

もともと、扶養というのは家族間において微妙な問題です。福祉事務所を訪れた生活相談者の中には、親族への扶養照会を実施する旨の説明を受けたとたん、親族に合わせる顔がない、あるいは、これ以上

第1章　Q&A：生活保護の誤解と利用者の実像

迷惑をかけられないと保護申請を諦める方も少なくありません。また、扶養照会が親族に届いたことで親族間がぎくしゃくした、というのは日常茶飯事です。

一概に親族といっても、関係はさまざまです。親族間の扶養の程度・方法について、当事者で決められない場合には、家庭裁判所が判断します。その際、家庭裁判所は、権利者の困窮度、義務者の資力だけでなく、権利者の落ち度（虐待や非行等）、扶養に関する合意（当事者の意思）等を、総合考慮して決しています。つまり、扶養するかどうかについては、当事者の意思も含めた関係が重要です。

仮に、扶養する意思があるとしても、たとえば600万円の収入がある世帯では、いくらの額を援助すべきでしょうか。世帯構成やローンも含めた支出等は世帯によって異なり、機械的・一律には定められないということはご理解いただけるかと思います。

そもそも、「扶養できないことの証明」は簡単ではありません。仕送りをしないこと、仕送りをしても一定額の場合に、それで充分に扶養義務を果たしていることの証明を求める、ということなのです。

実際に、扶養（仕送り）をしている方のほとんどは、完全に保護を受けないですむほどの額ではなく、一部です。たとえば毎月2万円を援助している場合に、その2万円がギリギリの額であり、たとえば2万5千円や、3万円は援助できないことを「証明」せよということになります。この証明は誰にもできないと思います。抱えているローン（家賃）、光熱水費、食費、通信交通費、交際費、子どもの教育費、平均的な電気製品代、娯楽費用、趣味等々も含め、すべて支出を明らかにしても、そんな「証明」不可能でしょう。また、客観的な挙証資料として、収入についての証明書が必要とされるでしょう。これでは親族関係をこじれさせるだけです。の手間も親族にとっては、面倒なことでしょう。

また、それを受理する福祉事務所側では、その額が妥当かどうか、扶養義務を果たしているかどうか、行政の立場で責任をもって判断することを求められます。この判断はきわめて困難です。結果として、当事者には不可能を強い、実質的には扶養を要件化し、水際作戦を助長することになるでしょう。親族に面倒をみてもらえないことの一筆をもらってこい、と追い返されて餓死をした、25年前の札幌・白石区餓死事件をはじめとしたさまざまな事件の教訓を忘れてはなりません。

Q6 生活保護の人はけっこう贅沢して楽しんでいるんじゃないの？

A6 マスコミの報道では、「こんなにもらっている」「あれもこれもタダ」という表現がよく使われていますが、生活保護利用者は現実にはギリギリの生活を強いられています。

まず、比較の仕方についての間違いを指摘しておきます。多く見られるのは生活保護利用者については3人の「世帯」に対して支給される金額を表示し、一方、生活保護利用者ではない年金暮らしの方と比較するときには国民年金の1人分の額を表示するというやり方です。比べるなら、単身者同士の同じ条件で比較するべきでしょう。60歳まで同じように一生懸命働いても、受け取る年金額が厚生年金と国民年金では大きく違い、確かに国民年金は安いです。生活保護費というのは「最低生活の保障」と定め

第1章　Q&A：生活保護の誤解と利用者の実像

られているので、国民年金が生活保護の支給額より安いのは、国の施策として、そもそもの設定が間違っているのではないでしょうか。

生活保護を受給してベンツに乗っている人がいるという「伝説」がありますが、生活保護の利用者は障がいや病気など、よくよくの事情がない限り車の保有は認められていません。単身者の一ヶ月の保護費は、一番高い東京で13万円くらいです。その内の53700円は家賃ですから、生活費は8万円ほどです。40代女性のAさんの場合、電気代4500円、ガス代7500円、携帯電話12000円、食費23000円、トイレットペーパー、洗剤、衛生用品、文具などの雑費4000円、衣料費（寝具等含む）5000円、外出交通費3000円、新聞代3800円。これでもう59000円。中古パソコンを持っていたのでプロバイダー代に4500円。これで残金は12700円です。これは一番光熱費がかからない季節の平均です。夏にエアコンを使うと、電気代は軽く2倍になります。すると残金は数千円に。Aさんは自炊をすることを基本にしていますが、育った環境や心身の事情で自炊が困難な状態であれば、出来合いのものを購入するために食費はかなり割高になります。衣類には就職活動用のスーツなどは想定していませんし、靴やカバンもこの予算に入っていません。冠婚葬祭や友人との食事なども、ほとんどできず、交際費を捻出するには相当な努力が必要です。生活保護利用者はその8割が病気や障がい、高齢の方です。普通の人なら歩けるところでも、バスやタクシーを使うことがあります。よく「生活保護のくせにタクシーに乗っている」と批判されることがありますが、それは外見ではわからない病気や障がいを持っているからなのです。Aさんも時に大きく体調を崩します。都内でも交通の便のいい一等地には生活保護で入居できるアパートは少なく、不便です。これが地方に行けばなおさらです。

23

Q7 保護費をギャンブルや酒に使っている人って一体何なの?

A7

支給された生活保護費を何に、どれだけ使うかは、原則として受給者の自由です。当然、健康で文化的な最低限度の生活の範囲内で娯楽を享受することは可能です。

適度な飲酒やギャンブルは、娯楽・生活の質の向上・生きがいの一部として、生活を潤すため、あるいはストレス発散のために必要です。それを生活保護受給者だからという理由で、一律禁止するということはあってはならないことです。

一方で、生活保護費を自立が阻害されるほど、あるいは健康を害するほどの飲酒やギャンブルに浪費してしまう人が一部にいます。

ちなみに地方の農村部の保護費は家賃込で月9万円程度なので、物価が安いとはいっても大変です。水道料金は基本料は免除ですが、それ以上は実費になります。都市部の単身者の生活保護の暮らしは、光熱費等を除くと、一日に使える金額は千円が目安と言われています。毎日、毎日、何を減らして何を増やすか考えている暮らしです。なかなか「〈最低限の〉文化的な生活」にまでたどり着けません。これで税金が上がり、保護費は削減され、医療費の一部負担が導入されたら大変なことです。

第1章　Q&A：生活保護の誤解と利用者の実像

生活保護受給者のなかには、様々な要因でストレスを受けてしまった場合に、飲酒やギャンブルへ過度に逃避してしまう人がいるのも事実です。人間は決して強い生き物ではありません。大きなストレスから立ち直れずに、自暴自棄になっている場合もあれば、生きがいや生きる意欲を失って現実社会から逃避したいと思うこともあり得るでしょう。

私たちはそのような人々と多く出会っています。これまで勤めてきた会社が倒産したり、離婚や死別により家族を失ったり、何度やっても就職活動がうまくいかなかったり、思い通りの生活が営めなかったり、孤立感でどうしようもないほど寂しかったり、病気が治らずに苦しかったり……。そのような精神的な窮地や精神不安定な境遇に立たされた場合、飲酒やギャンブルに依存してしまう人々の心理状態を痛いほど理解できます。

アルコール依存症、ギャンブル依存症という言葉を聞いたことはないでしょうか。依存症は、目に見える疾患ではないため、専門家でなければ気づくことが容易ではない場合もあります。そのため、生活支援や介入が遅れてしまい、重度の依存症に陥っている人も大勢いるのが現状です。

生活保護費は、生活扶助費を中心に、生活に必要な最低限の費用を金銭として支給しています。その金銭の使途が不適切であれば、生活再建や自立とは逆の方向に向かってしまいます。

しかし、だからと言って、依存症に陥っている人のだらしなさや意志の弱さを非難しても何の解決にもつながらないばかりか、かえって問題をこじらせてしまいます。依存症は病気であって、自分の力だけでは行動をコントロールできない状態だからです。

必要なことは、生活保護費（財）を生活必需品や生活費など、適切に消費することができるような生

25

活支援です。

アルコール依存症・ギャンブル依存症治療の促進、精神科医療との連携、精神保健福祉サービスの導入、断酒会やAA（アルコホーリクス・アノニマス）、GA（ギャンブラーズ・アノニマス）などグループミーティングへの参加、社会的な居場所やサロン活動の創設、見守り支援などが有効です。

しかし、現実には、こうした社会的な資源が不足しているうえ、ケースワーカーが意識的にこうした社会資源へと当事者を誘導する支援を行うことも十分になされていません。

過度な飲酒やギャンブルに生活保護費が消費されている背景には、ケースワーカーの支援不足や社会的な居場所の不足があるのです。

これらの社会サービスや生活支援が不足しているために、生活保護受給者の一部の人は、「お酒を飲みたくて飲んでいる」「パチンコに行きたくて行っている」というより、行動を抑制できないサイクルの中にはまり込んで抜け出せないでいる状態と捉える方が、議論としては建設的であり重要です。

過度な飲酒やギャンブルが継続するよりは、早期に治療や生活支援のシステムによる介入を行う方がご本人も望んでいることです。ぜひ飲酒やギャンブル行動を叱責、非難するだけでなく、やめるための援助や生活改善への取り組み強化を共に求めていただきますようにお願いいたします。

第1章　Q&A：生活保護の誤解と利用者の実像

Q8 生活保護受給者がどんどん増えて過去最多になったってホント？ 日本の受給者の数は多すぎるのでは？

A8 旧生活保護法下に比べると受給者数は減っており、また、現行生活保護法下でも利用率で比較した場合、1951年度の3分の2に過ぎません。

現行生活保護法のもとで、生活保護利用者数がこれまで最高だった1951年の204万6000人を超えたことから、このような指摘がされています。

また、現行生活保護法の下で比較した場合、確かに利用者数は過去最多となっていますが、その間に人口が1.5倍に増えていることも忘れてはなりません。単純に人数を比較するのではなく、どの程度の人に利用されているのかという利用率で比較すべきです。

利用率で比較した場合、1951年度の3分の2に過ぎません。仮に利用率を1951年度並の2.4％にすると、2011年度の利用者数は100万人ほど増えて、304万8000人になります。

では、日本の生活保護利用者は多すぎるのでしょうか。

日本の利用率1.6％というのは、先進諸外国と比較しても1/3〜1/8程度とかなり低い数値です。

表1　生活保護受給者の比較（1951年度と2011年度）

	2011年度	1951年度
人口	1億2700万人	8457万人
生活保護受給者数	205万人	204万6000人
利用率	1.6%	2.4%

表2　各国の生活保護利用率・捕捉率の比較（2010年）

	日本	ドイツ	フランス	イギリス	スウェーデン
人口	1億2700万人	8177万人	6503万人	6200万人	941万5570人
生活保護受給者数	199万8957人	793万5000人	372万人	574万4640人	42万2320人
利用率	1.6%	9.7%	5.7%	9.27%	4.5%
捕捉率	15.3~18%	64.6%	91.6%	47~90%	82%

出所：生活保護問題対策全国会議監修『生活保護「改革」ここが焦点だ！』（あけび書房、2011年）より

　その上、日本では収入が最低生活費を下回っている世帯のうち、現に生活保護を利用している世帯の割合（捕捉率）は2割程度に過ぎません。これは先進諸外国と比較しても際だって低い数字です。表の中では日本に次いで捕捉率の低いドイツ並みに捕捉率を引き上げるだけでも、日本の生活保護利用者数は717万人になります。

　捕捉率が2割に過ぎないということは、残りの8割の人が生活保護費未満の生活を強いられていることを示しています。

　日本では、「生活保護利用が多すぎる」のではなく、「生活保護を利用できていない人が多すぎる」のが実態なのです。

　2012年に入ってから全国で起きている「餓死」「孤立死」事件発生の背景には、生活保護の利用率・捕捉率の低さの影響があると考えられます。

Q9 生活保護の基準が甘くなって、保護を受ける人が増えているの?

A9 そんなことはありません。基準が変わったのではなく、生活保護の窓口がまともに基準を守るようになったのです。

「水際作戦」の是正

生活保護の窓口に行くと、「親兄弟に面倒を見てもらいなさい」、「若くて働ける人は生活保護はダメ」、「住所(住居)がないと生活保護はダメ」、「借金があると生活保護はダメ」、「家賃が高すぎるからダメ」などの違法な理由をつけて、追い返されることがあります。2006年に日弁連が行った全国一斉電話相談では、福祉事務所に行ったものの生活保護の利用に至っていないケースのうち66％が違法の可能性があるとの結果でした。俗に「水際作戦」と呼ばれる、こうした違法な追い返しが、かつては全国的に横行していました。その結果、2005年あたりから2008年にかけて全国各地で生活保護を断られた人の餓死事件が頻発し、社会的な問題になりました。

2008年にはリーマンショックが起き、非正規労働者がどんどん契約を打ち切られる「派遣切り」の嵐が吹き荒れました。そして、2008年から2009年の年末年始には、東京日比谷公園に開設された「年越し派遣村」に仕事と家を失った人たちが押し寄せ、「貧困」の広がりが誰の目にも明らかになりました。

こうした社会の流れと相前後して、さまざまな市民運動の取り組みもあって、「国民、市民の命を支えるためには生活保護制度を使うしかない」というコンセンサスが広がり、窓口の違法な運用がかなり是正されてきたのです。

表1　生活保護利用者数、「ホームレス」数、自殺者数の推移

	生活保護利用者数	「ホームレス」数	自殺者数
平成19年度	154万3321人	1万6018人	3万3093人
平成20年度	159万2629人	1万5759人	3万2249人
平成21年度	176万3573人	1万3124人	3万2845人
平成22年度	195万2063人	1万890人	3万1690人
平成23年度	210万8096人	9576人	3万651人

生活保護が増えざるを得ない構造的な要因

不安定で低賃金の非正規労働者が全労働者の4割を占めるに至り、失業率も高止まりしているのに、全失業者のうち雇用保険（失業保険）を受けているのは2割程度にとどまります。高齢化が進んでいるのに年金制度は脆弱なままで、年金だけでは生活できない高齢者が増えています。

雇用のネットも社会保険のネットも脆弱で、生活保護が「最初で最後のセーフティネット」になっている現状では、生活保護が増えるのは、むしろ当然です。生活保護利用者増加の背景には、こうした構造的な要因があることを忘れてはなりません。生活保護制度に問題があるのではなく、雇用や社会保険など、その手前にあるセーフティネットが機能していないことが問題なのです。

第1章　Q&A：生活保護の誤解と利用者の実像

生活保護が果たしている積極的な役割

表1で見るように、確かに、この間、生活保護利用者数は年々増えていますが、その一方で、ホームレスの人々の数や自殺者数は年々減っています。生活保護制度は、「最後のセーフティネット」として、文字通り「人のいのちを支える」という大切な役割を積極的に果たしているのです。生活保護制度を切り縮めれば、「ホームレス」数や自殺者数は逆に増えるという事実の重みから目をそらしてはなりません。

また、増えたとはいえ、まだまだ、生活保護を必要とする多くの人たちが「受給漏れ」しているということも大きな問題です（Q&A8）。

Q10 働けるのに働かないで保護費を受け取っている人が増えてるんでしょ？

A10 そんなことはありません。働いている受給者、「働きたくても働けない」受給者が多いのが実情です。

生活保護には、5つの世帯区分があります（表1）。そして、「高齢者世帯」「母子世帯」「障害者世

表1　生活保護利用世帯の分類

世帯類型	定義	分類の順序
高齢者世帯	65歳以上の者のみで構成されている世帯か、これらに18歳未満の未婚の者が加わった世帯。	先 ↓ 後
母子世帯	死別、離別、生死不明及び未婚等により、現に配偶者がいない65歳未満の女子と18歳未満のその子（養子を含む）のみで構成されている世帯。	
障害者世帯	世帯主が障害者加算を受けているか、身体障害、知的障害等の心身上の障害のため働けない者である世帯。ただし、精神病等の精神障害による場合については、障害者加算を受けている者のみとする。	
傷病者世帯	世帯主が入院しているか在宅患者加算を受けている世帯、又は世帯主が傷病のため働けない者である世帯。	
その他の世帯	上記のいずれにも該当しない世帯をいう。	

図1　「その他の世帯」の世帯員の年齢階級別分布

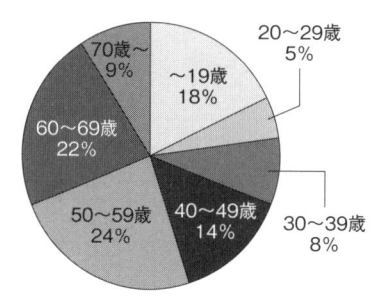

出所：H23.4　厚生労働省第1回社会保障審議会生活保護基準部会資料より

帯」「傷病者世帯」以外の、いわゆる「その他の世帯」の利用者が増えていることを指して、最近そのような指摘がよくなされます。

しかし、「その他の世帯」＝「働けるのに働かない人」ではありません。

そもそも、「その他の世帯」の約3分の1の世帯は働いています。つまり「働いているが最低生活費以下の給料しか出ない」ために生活保護を利用しているのです。

また、「その他の世帯」の世帯員の約半数は、60代以上と10代以下。そもそも「働ける人」とはいえません。

さらに、「障害者世帯」「傷病者世帯」は

第1章　Q&A：生活保護の誤解と利用者の実像

Q11 生活保護を受けるのが「恥」だという意識が薄れてきて、平然と保護を受ける人が増えるのは困りものでは？

A11 日本の生活保護は、むしろ「恥の烙印（スティグマ）」が強すぎて、「できる限り使いたくない制度」になってしまっていることが問題です。

「世帯主が働けないほどの障害・傷病等を抱えている世帯」等なので、「その他の世帯」には、中軽度の障害・傷病等を抱えている人も多く含まれています。低学歴・無資格の人、人間関係が苦手な人なども含め、就職してさまざまな不利を抱えて「就職弱者」としての立場に立たされている人たちは、雇用情勢の悪化のあおりを受けて、「働きたくても働けない」状態に追い込まれていることを忘れてはなりません。

本来であれば、寄り添い支援や中間就労の場が公的に十分に保障され、支援がなされるべきですが、その様な施策が手薄であり、十分なケアができていません。

結局他に頼れる制度がなく、最後のセーフティネットである生活保護を利用しているのが実情なのです。

表1　2012年に全国で起こった餓死・孤立死のケース

1月12日	釧路市	84歳の夫と72歳の妻
1月20日	札幌市	42歳の姉（病死）と40歳の障害を持つ妹（凍死）
2月13日	立川市	45歳の母親と4歳の障害を持つ息子
2月20日	さいたま市	60歳代の夫婦と30歳代の息子
2月20日	台東区	90歳代の父親と60歳代の娘
3月 7日	立川市	都営アパート　95歳の母と63歳の娘
3月11日	足立区	73歳の男性と84歳の女性
3月14日	川口市	92歳の母と64歳の息子
3月23日	埼玉県入間市	75歳の母（死亡）、45歳の精神疾患の息子が助け出されていた。母の死後10日後の発見。
3月25日	世田谷区	都営アパート　93歳の父（白骨遺体）、62歳の息子（自殺）
3月27日	福島県南相馬市	69歳の母と47歳の息子、凍死（母は認知症、息子は病気）
3月30日	秋田県鹿角市	90歳代の母と60歳代の息子

　最近、マスコミなどで「生活保護を受けるのが『恥』だという意識が薄れてきたのが問題だ」という論調がよく見られます。しかし、生活保護制度は、憲法25条の生存権保障を具体化したもので、本来、その利用は「権利」ですから、「恥」と思う必要などないはずです。むしろ、日本の生活保護は、「恥の烙印（スティグマ）」が強く、「できる限り使いたくない制度」になってしまっていることが問題です。

　表1にあるとおり、2012年に入ってから全国で餓死・孤立死が相次いでいます。生活保護を受けていれば餓死などせずにすんだケースも少なくないと思われますが、札幌市と南相馬市以外のケースでは生活保護の相談にさえ行っていません。自分たちが生活保護を使えるとは思い至らなかったか、「生活保護など死んでも受けたくない」と思っていたかのどちらかではないかと思われます。不正受給を強調したり、生活保護を使うこと自

第1章　Q&A：生活保護の誤解と利用者の実像

Q12 日本の生活保護費は国や地方の財政を圧迫しているんでしょ？

体を問題視するような最近の一部マスコミの報道は、生活保護に対するスティグマを強め、より一層使いにくい制度にする点で問題が大きいと言わざるを得ません。生活保護の利用のハードルが上がれば、ますます餓死、孤立死、自殺などの悲劇が増えてしまうことにつながります。

なお、日本の「生活保護」という制度の名前には恩恵的な響きがありますが、諸外国の生活保護に相当する制度には、「失業手当Ⅱ（ドイツ）」、「国民基礎生活保障法（韓国）」など、より積極的な名称が付されています。日弁連は「生活保障法」に名称を変更することを提言していますが、名称変更も含めて、より使いやすい制度に改めていくことこそが求められています。

A12

日本の生活保護費（社会扶助費）のGDPにおける割合は0・5％で、OECD加盟国平均の1／7。諸外国に比べて、極端に低いのです。

日本では生活保護予算が国や地方の財政を圧迫していて、これを引き下げないと財政が破綻するかの

図1　各国の社会扶助費のGDPに占める割合比較（1995年）

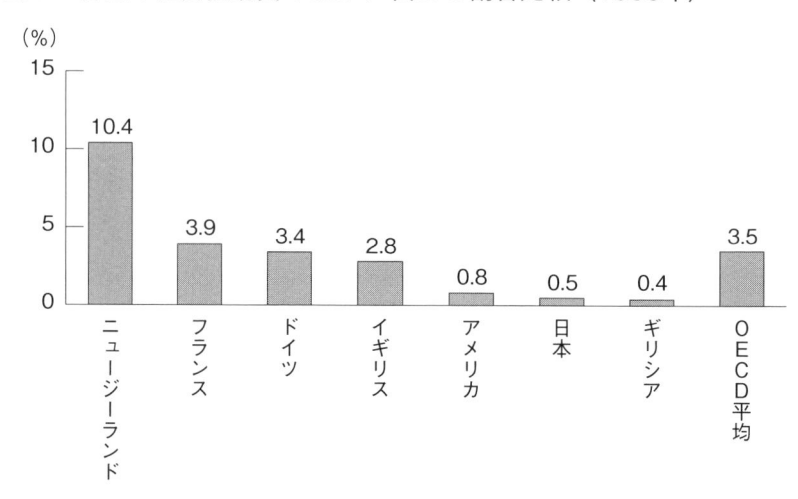

(%)

- ニュージーランド 10.4
- フランス 3.9
- ドイツ 3.4
- イギリス 2.8
- アメリカ 0.8
- 日本 0.5
- ギリシア 0.4
- OECD平均 3.5

出所：世界銀行　*Survey of Social Assistance in OECD Countries*より

ように言われることがあります。

しかし、日本の生活保護費（社会扶助費）のGDPにおける割合は0・5％。OECD加盟国平均の1/7に過ぎません。諸外国に比べて、極端に低いのです。生活保護費が財政を圧迫しているとは言えませんし、生活保護費を引き下げても、財政への影響は小さいのです。そもそも、生活保護費は国民のいのちを守るための支出です。財政問題を理由に安易な引下げ論をすべきではありません。

また、大阪市の生活保護財政が伸びていることをさして、「大阪市の税収6000億のうち半分が生保に消えている」という人がいます。確かに、大阪市の2011年度の生活保護予算額は2916億円です。しかし、その財源として全て市税収入を充てているわけではないので、市税収入と生活保護費を対比すること自体が全くナンセンスです。

第一に、生活保護費の4分の3は国庫負担とされ

第1章 Q&A：生活保護の誤解と利用者の実像

ているので、2916億円の4分の3である2187億円は国から直接補てんされます。この時点での大阪市の負担額は、4分の1である729億円にとどまります。

第二に、生活保護費はもともと国家責任で国が保障すべき財政ですから、残りの4分の1についても、地方交付税によって、国は他の財政需要額（生活保護のケースワーカーの人件費等）と合算して、標準団体という架空の地方自治体を設定した係数をかけるため、地方自治体によっては交付税をもらい過ぎのところもある一方、大阪市のように保護率の高いところでは若干の欠損がでることもあります。とは言え、2010年度の大阪市の純粋な不足額は150億円にしか過ぎません[1]。

さらに、生活保護費は、低所得の方の生活費ですから、預貯金されることなく、消費に回る割合の高い経費と言えます。この意味では、大阪市の経済を下支えしているといってもいい費用なのです。大きな目でみれば、大阪市内の不動産業者や病院や薬局や食料品店などは、国から2187億円余りの補助金をもらっているとも言えそうです。生活保護をバッシングするということは、大阪市民からすると、150億円の負担を忌避して、国庫負担金2187億円と地方交付税580億円の「補助金」を棒に振ることだという見方もできます。

〔注〕

1 本来、この150億円も国が責任をもつべきものですから、生活保護費として使った費用を全額国庫負担にするか、少なくとも地方交付税の補正係数を訂正して欠損が生じないようにすべきではあります。

Q13 悪質な不正受給が増えているんでしょ？

A13 不正受給の割合をみると、件数ベースで全体の2％程度、金額ベースで全体の0・4％程度で推移。不正受給はごく僅かの例外であり、生活保護全体に占める割合にも大きな変化はありません。

不正受給の割合をみると、件数ベースで全体の2％程度、金額ベースで全体の0・4％程度で推移しています。不正受給はごく僅かの例外であり、生活保護全体に占める割合にも大きな変化はありません。

しかし、不正受給の件数などの増加は、生活保護利用者が増えていることに伴う数字の変化とみるべきです。

不正受給の件数や金額が年々増え、あたかも生活保護は不正受給ばかりのような印象を受けてしまいがちです。

そして、不正受給が横行しているかのような報道がされています。そして、不正受給はごく僅かで全体の2％程度、金額ベースに占める割合にも大きな変化はないのです。

そして、この「不正受給」とされた事例の中には、「高校生の子どものアルバイト料を申告する必要がないと思っていた」など、不正受給とすることに疑問のあるケースも含まれています。

もちろん、報道にあるような悪質な不正受給も存在しており、そのような悪質事例に対しては厳しく対応すべきです。

表1　不正受給件数、額の変化

年度	H19	H20	H21	H22
生活保護利用世帯数	1,102,945	1,145,913	1,270,588	1,405,281
生活保護費総額	2兆6175億円	2兆7006億円	3兆0072億円	3兆3296億円
不正受給件数	15,979	18,623	19,726	25,355
（全体に占める率）	1.44%	1.62%	1.55%	1.80%
不正受給額	91億8299万円	106億1798万円	102億1470万円	128億7425万円
（全体に占める率）	0.35%	0.39%	0.33%	0.38%

出所：H24.3 厚生労働省社会・援護局関係主管課長会議資料より

Q14　不正受給を取り締まるため、福祉事務所にどんどん警察官OBを配置したらいいんじゃない？

A14　社会福祉主事の資格を有しない元警察官職員を生活保護の現業業務に従事させることは生活保護法第21条、社会福祉法第15条に違反し、違法です。

しかし、その様なケースはごくわずかな例外に過ぎません。報道されるようなごく一部の悪質事例だけを見て、生活保護全体をバッシングするのは、適切とは言えません。

また、悪質な不正をただすことも大切ですが、数百万人の人が生活保護受給から漏れていること（漏給）の方が、早急に解決すべき大きな問題です。このことも忘れてはいけません。

2012年3月1日、厚生労働省は、①不正受給に対する告訴等の手続きの円滑化、②暴力団員と疑われる者の早期発見を理由として、「警察官

OB等を福祉事務所に配置すること」を積極的に検討するよう指示しました。

福祉事務所に警察官OBが配置され、窓口での対応等を常に行うようになれば、市民を犯罪者視する、福祉的ではない対応が広まる恐れが強く、問題があります。

社会福祉行政と犯罪の予防や鎮圧等を目的とする警察行政とはもともとその目的、性格を全く異にしており、これを単純に一体化しては社会福祉の目的を達することはできません。

市民と直接やりとりする現業に元警察官が社会福祉主事の資格もなく従事すると、警察目的が福祉目的に先行し、結果的に市民の生存権行使を阻害する事態をもたらす危険性、保護受給者あるいは保護を受給しようとする者を犯罪者視しその人格権・生存権を侵害する危険性があるのです。

したがって、社会福祉主事の資格を有しない元警察官職員を生活保護の現業業務に従事させることは生活保護法第21条、社会福祉法第15条に違反し、違法であることが明らかです。[1]

現に、大阪の豊中市福祉事務所では、平成21年10月、警察官OBの職員が、生活保護の支給が遅れていることについて抗議をした被保護者に対し、「虫けら」「ヤカラ（理不尽な要求をするチンピラなどタチの悪い人物を意味する関西弁）」等の暴言を吐くという事件が起き、大阪弁護士会は、二度と同様の人権侵害が生じないようにすることと、社会福祉主事でない警察官OBが現業を行わないことを求める人権救済の勧告を行いました。

豊中市の例でもわかるとおり、警察官OB等が生活保護現場に配置されれば、ますます生活保護行政から住民を遠ざけ、孤独死・餓死者が増加することが強く危惧されるのです。

第1章　Q&A：生活保護の誤解と利用者の実像

「不正」受給をなくすためには、ケースワーカーがきめ細やかなケースワークの中で、世帯主のみならず世帯員全員に収入の申告義務があることを被保護者に十分に理解させるとともに、当該世帯の自立更生に資する経費については積極的に収入認定除外を行うことを通じて、自発的に収入を申告させることが何よりも重要です。これが十分になされれば、「不正」受給件数は激減するはずです。

そのためにも、一人のケースワーカーが１００件以上ものケースを抱えるような現状を改め、基準に従った人員配置（80利用世帯に対して1名）と専門性の向上を図ることこそが重要なのです。

悪質な「不正」が疑われるケースは、決して数が多いわけではないので、個別に所轄の警察署と十分な連携を図ることが必要であり、それで十分です。

一部の悪質な不正受給者のために、警察官OBを常時福祉事務所に配置し、一般の市民や生活保護受給者に対する相談対応にまで当たらせるというのは、明らかに行き過ぎです。

なお、福祉事務所の現場では、「受給者とのトラブル抑止のために警察官OBがそばにいてくれたら心強い」という声を聞くこともあります。しかし、こうしたトラブルの多くは、ケースワーカーの高圧的な態度や力量不足から生じています。警察官OBを用心棒的に雇って力で押さえつけるのでは問題は解決せず、ここでもケースワーカーの専門性の強化こそが求められています。2

〔注〕

1　社会福祉法第15条第6項は、福祉事務所において「現業を行う所員」については、「社会福祉主事でなければならない。」と規定し、同法第19条は、社会福祉主事の資格として「人格が高潔で、思慮が円熟し、社会福祉の増進に熱意があり」かつ、社会

2 福祉に関する科目を修めて大学を卒業した者等の要件を定めています。また、生活保護法第21条は、「社会福祉法に定める社会福祉主事は、この法律の施行について、都道府県知事又は市町村長の事務の執行を補助するものとする」と規定しています。
ケースワーカーに社会福祉士等の専門職を積極的に採用している横浜市では、職員らの中から警察官OBの導入に対する反対運動が起き、同じく専門職採用を進めている堺市では警察官OB導入は一切検討されていません。これは、ケースワーカーに専門性とプライドがあれば警察官OBの助けなど不要であることを示しています。

Q15 年金や最低賃金の額よりも生活保護費の方が高いっておかしくない？

A15
最低賃金額を上げて、生活保護費との逆転現象を解消すべきことが国会でも確認され、最低賃金額は少しずつ上げられてきています。生活保護費が下がれば、賃金が一層下がり、年金引き下げがいっそう容易になるだけです。

確かに、40年間保険料をかけてもらえる年金額や、働いてもらえる最低賃金額が、保険料の支払いや就労を前提としない生活保護費より低いのはおかしいといえます。本来の在り方としては、最低賃金が一番金額が大きく、次に年金額、最後に生活保護費となるべきでしょう。
しかし、だからと言って、生活保護費を引き下げることでこのギャップを解消したとしても、市民生活が楽になるのでしょうか？

第1章　Q&A：生活保護の誤解と利用者の実像

当然のことですが、生活保護費を下げたからといって、最低賃金額が上がるわけではありませんから、多くの低賃金労働者の賃金はそのままです（全国最高額の東京でも最賃額は837円〔2011年〕）。1ヶ月160時間働いても、133920円にとどまります。

でに2007年に最低賃金法が改正されるときに決着済みの議論です。最低賃金と生活保護費との逆転現象を解消すべきことが国会でも確認され、きわめて不十分ながら最低賃金額は年々上げられてきています。しかし、2012年7月時点でも未だに、11都道府県で逆転現象が解消されていません。今、生活保護費を下げれば、最低賃金の引上げ速度が遅くなってしまうだけです。

また、年金額を問題にするなら、保険料を40年納付しても、基礎年金額は満額で月65541円（平成二四年度）という低さであること、基礎年金のみか旧国民年金受給者の計1092万人の受給年金額の平均は月49000円という低さであることを問題にすべきでしょう。すべての国民に、最低保障年金70000円を保証するという民主党のマニフェストが未だに実現されていないことこそ問題です。

生活保護費が下がれば、賃金が一層下がり、年金引き下げがいっそう容易になるだけで、私たちの生活の底が抜けてしまうことになることは明らかではないでしょうか。

Q16 デフレなんだから生活保護費を下げても問題ないんじゃない？

A16 生活保護基準額はナショナルミニマム（国民的最低限）であり、基準額の引き下げは、国民全体の貧困化をもたらす可能性があります。

デフレで、物の価格が下がり傾向にあるのだから、生活保護費も下げるべきであるという意見があります。確かに、政府は、現在の生活保護費の決め方について、下から10％の低所得者とのバランスを考慮して決めるべきと強調しています。そうした決め方を貫けば、生活保護費はデフレ下では際限なく下がっていくことになります。

しかし、生活保護基準額は、いわゆるナショナルミニマムとして、私たちの生活を下支えしている、私たちの生活の土台なのです。長妻元厚生労働大臣の諮問機関であったナショナルミニマム研究会でも、生活保護基準額は「社会保障制度等の共通の基準」と位置付けられていました。Q&A15で触れたように、最低賃金は生活保護の最低生活費を上回らなければなりません。その他、保育料や高額療養費償還払い制度等の私たちの日常生活に大きく影響する各種低所得者施策の適用要件の目安として最低生活費は機能しており、地方税の課税最低限にも事実上連動しています。

私たちは、次のような手続きと考え方で、生活保護基準を決めていくべきであると考えます。さしあたって、①当事者参加による基準作りと市民合意の形成、民主的な決定が求められます。②一

第1章　Q&A：生活保護の誤解と利用者の実像

一般世帯との格差を縮減してきた過去の経過を尊重すべきです（1963年から1983年までかけてやっと一般世帯の60％余りの水準に到達しました）。③保護基準は生存権の根幹に関わる課題ですから、憲法25条2項の国の社会保障増進義務が問われることになります。④前述のように、生活保護基準は「社会保障制度等の共通の基準」にとどまらず、最賃、年金、課税最低限、社会福祉・社会保険の自己負担額等に影響する「岩盤」であり、ナショナルミニマムであること等を不可欠の要素として検討されるべきであって、簡単に引き下げるわけにはいきません。かえって、生活保護費削減は国民全体の貧困化を進める可能性さえあるのです。

Q17　無駄な診療をなくすため、生活保護受給者にも医療費を窓口で一部自己負担させるべきでは？

A17　生活保護受給世帯の約8割は入院・通院治療が必要な世帯であり、一部自己負担が実施されれば受診抑制で病状が悪化し、医療費がさらに増大しかねません。

生活保護で暮らしている方たちは、生活に余裕のないギリギリの状態で暮らしている方が大多数です。そういう中で医療費の窓口一部自己負担が実施されれば、自己負担金を立て替えること等ができないこ

図1　医療扶助費の内訳

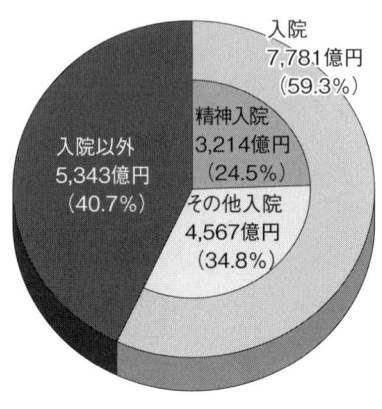

入院 7,781億円（59.3%）
精神入院 3,214億円（24.5%）
その他入院 4,567億円（34.8%）
入院以外 5,343億円（40.7%）

出所：厚生労働省　http://www.mhlw.go.jp/topics/bukyoku/syakai/z-fukushi/gyosei/gyousei05.html

図2　精神入院患者の状況

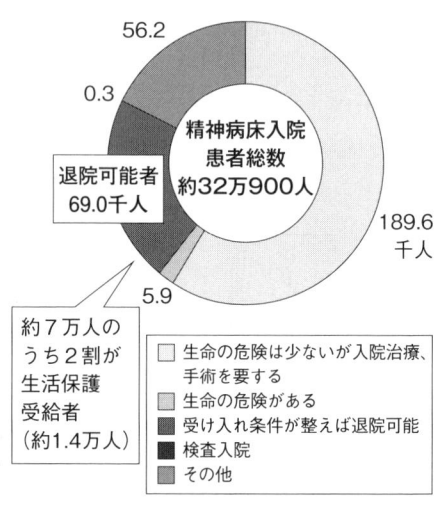

精神病床入院患者総数 約32万900人
56.2
0.3
退院可能者 69.0千人
189.6千人
5.9

約7万人のうち2割が生活保護受給者（約1.4万人）

□ 生命の危険は少ないが入院治療、手術を要する
■ 生命の危険がある
■ 受け入れ条件が整えば退院可能
■ 検査入院
■ その他

出所：厚生労働省　http://www.mhlw.go.jp/topics/bukyoku/syakai/z-fukushi/gyosei/gyousei05.html（平成14年患者調査のデータ）

とから受診抑制が起き、結果的に病状が悪化し重症となり、医療費がさらに増大することが予想されます。

現に、国民健康保険等での窓口負担金等が支払うことができないため、病院にかかれず病状が重症化、さらには死亡するという事例が医療関係者から数多く報告されています。

生活保護費の約5割は医療扶助が占めています。そして医療扶助費の6割近く、約8千億円は入院費が占めているのです。そして、そのうちの約4割が精神関係の入院で、それ以外が約6割です。上記のように生活保護の医療費は、入院の割合が非常に高いということに特徴があります。

生活保護の医療費を減らすには、「長期入院の解消」や「退院促進」が必要なのですが、地域でのサポート体制が不十分なこともあって進んでいません。精神入院患者（32万人）

第1章　Q&A：生活保護の誤解と利用者の実像

の2割（約6万4千人）が生活保護受給者なのです。

この精神科病院の入院患者のうち、受入条件が整えば退院可能な人は約7万人と言われています。生活保護受給者で退院可能者は、単純計算で1万4千人になります。

生活保護受給者の世帯類型では、高齢者世帯が約4割、傷病・障害者世帯も約4割で、入院・通院治療が必要な世帯が約8割も占めているのです。

医療費の単価は国民健康保険と比較して、入院外の場合の単価は1・4倍で、1日あたり単価はほぼ同じですが、通院日数は長いのです。国保患者と比べると、重症な患者が多いことが推測できます。そして、入院は0・9割で少し低く、1日あたりの医療費は低いものの入院日数は長いという傾向があります。

「自己負担がないため、安易な過剰受診や不必要な検査が横行している」というマスコミ報道等が多いのですが、現場感覚では、そういった事実は非常に少ないというのが実感です。

処方薬依存が一定数予想される精神科に限った4万2197人のサンプル調査（厚生労働省平成22年9月発表）の結果によっても、不適切な受診とされた人数は1797人（4・2％）にとどまっています。

生活保護で医者にかかるには、必ず生活保護法の指定医する医療券で受診することが義務付けられています。医療費は無料ですが、もちろん保険外医療には適用されません。原則、同一疾病でかかれる医療機関は1ヶ所です（2ヶ所の希望があっても原則的には医療券は発行されません）。

そして、医療扶助を決定するにあたっては、主治医から要否意見書（医療が必要かどうかの意見書）を求めており、嘱託医のチェックも定期的に行っているのです。現状の制度の中でも、頻回受診などの是正は可能であり、窓口一部自己負担の導入は必要ありません。

Q.18 無駄をなくすため生活保護の住宅や食料などは現物で給付するようにしたらどう？

A.18

生活保護費によってどのような生活を営むかは利用世帯に任されるべきであり、趣旨目的が明確でない現物給付は避けるべきです。

自民党や大阪維新の会は、生活保護費の節約のために住宅扶助、食費や衣服費などの生活扶助などを現物給付する法改正をすべきだと提案しています。

しかし、もともと現物給付というのは、直接サービスを給付しないと意味がない給付の場合にもちいる給付手法です。代表的には医療扶助が挙げられるでしょう。

生活保護が現金給付を基本としているのは、商品経済が浸透し、家族形態もさまざまとなった現代社会においては、保護利用者がどのような生活を描くかは、憲法13条が認める個人の尊重、自己決定の根

第1章　Q&A：生活保護の誤解と利用者の実像

幹をなすものですから、いったん渡された生活保護費によってどのような生活を営むかは、基本的には生活保護利用世帯に任されるべきものに限られるからです。また、それが行政実務上も一番合理的な方法なのです。現物給付は趣旨目的が明確なものに限られるべきです。

支給された生活扶助費のうち、それぞれいくらを食費、被服費、家具什器費、日用品費等に割り当てるかは、世帯によって異なるし、同一世帯でも月によって異なります。また、給料や仕送りなどの収入のある人の場合、支給される生活扶助費は各月の収入によって変動します。このように、世帯によって、あるいは、月によって変動する生活扶助費の額について、具体的にどのようにして現物給付を行うのでしょうか。仮に、特定の事業者の店舗で使える食料や被服費のクーポン券を検討しているのだとすれば、生活保護利用者の自己決定権（憲法13条）を侵害する一方、企業の新たな利権を生む可能性があります。のみならず、このような制度を導入すれば、生活保護利用者のうち、多くを占める乳幼児や高齢者、さらには難病やアレルギー・化学物質過敏症などの疾患や障がいのため、食糧に特別のニーズを持つ人たちが必要な食糧を入手できず、生きていけなくなることが予想されます。生活扶助を全額クーポン券にすべきだという暴論まであります。しかし、たとえば親しい友人の不幸に対する香典や、親族の結婚祝い、このようにどうしても現金が必要な場合には、どうしたらよいのでしょうか。

また、生活保護利用者がどこに住むかは、その人の自由であり（憲法22条、居住移転の自由）、住宅扶助の現物給付として、公営住宅や安上がりの民間借り上げ住宅の提供をするというのであれば、いわば「官製貧困ビジネス」であり、憲法違反にもなるでしょう。金銭管理ができず家賃を滞納してしまう人については、現行法でも、利用者の同意のもとに、住宅扶助額を家主に直接払う方法があり（生活保護

49

法37条の2）、必要に応じてこれによる対応は可能です。ただでさえ生活保護に対するスティグマが強い中で、このように囚人のような扱いをすれば、さらにスティグマを強めることになってしまいます。仮に、「無駄な」出費があって、保護利用者の生活に支障が出てきかねない状態にあるのならば、それこそ、そうした事態に陥らないようにケースワーカー等が指導、援助すべきではないでしょうか。

第2章　生活保護利用者の声

1　生活保護を利用しながら、初めて私は自分を肯定することができました

（千葉県　女性　30代）

私は、生活保護を二度受給しています。

一度目は2005年の4月に、精神的なことから仕事が続けられなくなり、仕事を辞めたときです。この時、私は一人暮らしをしていて、だんだんと生活が成り立たなくなっていきました。もうどうしたらよいのかわからない状態だったので5月に母に相談をし、このときに初めてこの制度のことを知り、止むに止まれず母に頼りながらの申請……。

二度目は2009年の8月に、もともと抱えていた精神疾患が悪化し、働けない状態になり仕事を辞めたことがきっかけです。それからは通院しながら仕事を探していたのですが、なかなか見つからず、貯金も底がつき始めてしまいました。NPO法人「もやい」の方に相談をし、申請同行をしていただき2010年の3月に申請することができ、現在継続中です。

私は、二度目の生活保護を申請しようと自分で決めて「もやい」に相談をしに行きました。その間私は、ハローワークに行ったり職探しをしましたが、仕事がなかなか見つからず、でもお金は少しずつなくなってしまうという中で、私の生活を支えてくれていたのは、少ない年金で暮らす母からの仕送りでした。

母からのお金をもらいながら生きることは、生活保護を受給していたときよりも、とても辛かったし、苦しかったです。それは、母の生活が苦しいことも知っていたし、それよりも自分が、自分自身で立っていないような……本当の意味での自立ができていない……と感じていたからでした。

私は、さまざまな家庭の事情から、家庭の中で自分の居場所を見つけることができず、母親との関係もあまりよくありませんでした。そのような状態の中で、私は毎月ポストの中に入っている母からの仕送りのお金を受け取りながら、本当は受け取りたくない自分と、でも受け取らざるをえない自分と、いつも葛藤していました。

この頃から私は、生活保護を申請しようと考え始めましたが、なかなか申請しようというふうに思えませんでした。それは、一度目に受給していたときに人から言われた心無い言葉や偏見などで、屈辱的な思いをしていたからでした。

この頃、何の繋がりもなく、苦しみを分かち合う仲間もなく、一人で苦しんでいました。
でも私は、今度は自分自身で決めて、自分で相談をし、申請しようと思いました。そして、自分が生まれながら持っている自分の権利を、自分で獲得して、自分の足で立ちたい！と思いました。そして、その権利を活かしたいと思いました。

第2章　生活保護利用者の声

そう思いながら、最初は一人で市役所に相談をしに行き、ケースワーカーの方と一時間半程面談をしました。いろいろなことを聞かれ、家族には頼れないことを話しても「若いから仕事はあるはずだから」と言われ、申請書は出てきませんでした。

それから二回目、「もやい」の方に同行していただくと、すぐに申請書が出てきました。申請することができたとき、私はほっとしたと同時に、自分で「助けを求める」ことができたこと、これからは親に頼ることなく、この制度を利用しながら生活ができること、そして自分の持っている権利を、自分自身の手で勝ち取ることができたのだなと思いました。

そして、この制度を利用しながら私は、生きることができ、家族だけではない、家族に代わるいろいろな人達と繋がりながら、自分の安心できる居場所、仲間と出会うことができました。そのような出会いの中で、私は生活保護を利用しながら、初めて自分自身と向き合うことができ、自分を肯定することができました。

生活保護制度は、本当の意味で私を自立させてくれた大切な制度です。私は、生活保護を利用しながら、生きていてよかったなと思っています。これがもしも、「扶養義務強化」になってしまっていたら、今の自分は存在しないのではないか……と思います。

最近では、生活保護に対するバッシング報道が続いていますが、その報道を目にする度に心が痛み、これでは本当の生活保護の意味合いが薄らいでしまうのではないかと不安を感じています。生活保護制度は、誰もが自分らしく生きるための大切な制度です。これからも私は、生活保護を利用している自分自身を大切にしながら、少しず

2 障害をもつ者として、扶養義務強化について思うこと

(東京都　男性　30代)

私は今から12年ほど前から親元を離れ、脳性まひという障害を抱えながら、公費でヘルパーさんを派遣してもらい、着替え、トイレ、食事作りなどを手伝ってもらいながらの生活をしています。手足が動かないので、家の中では手動車椅子を、外出時には電動車椅子を利用しています。

私が生活保護を受け始めたのは、この一人暮らしを始めたときからです。手足が動かないので、働くことができません。

私が一人暮らしをする前は、同じような障害をもつ方々やその介助者とともに、誰でも利用しやすいノンステップバスの導入を目指して市民活動をしていました。夜間に話し合いをしていたので帰りが深夜におよび、両親による介助が大変になったのが一人暮らしのきっかけです。

一人暮らしを勧めてくださった先輩から、「生活費や家賃の補助をしている制度は、生活保護以外にないんだよ。施設に行ったら外出もできないし、何を食べちゃだめとか、これは食べていいとか制限も

つ生活再建をしていきたいと思っています。

第2章　生活保護利用者の声

多いし、入所したときに所持品を勝手に調べられ、自分の趣味のものまで捨てられちゃうんだぞ。制度を活用し、自分らしい生活を送ってみないか」と言われました。

生活保護の「扶養義務調査」は、生活保護を申請する段階で福祉事務所が申請者の家族に、申請者の生活費の援助や生活の世話ができませんか、と「扶養届」という用紙で調査をするものです。

実際、私の家族は、父は70歳代で高齢化にともない足の骨が弱りしゃがみこむことができず、人工関節をひざに入れています。以前は私のお風呂のとき全身を洗う介助をしてくれていましたが、今はそれもできません。母は若いときから糖尿病で、食事のコントロールと服薬を続けていますが、うまくいかず、動きすぎると血糖値が下がり意識がなくなり、日夜を問わず発作を起こしています。血糖値を上げるために、砂糖水を溶かしたものを父が「お母さん大丈夫か、これ飲むんだよ」と必死で飲ませ、意識が戻りにくいと救急車を呼び、病院に付き添って行っています。治療費も月4、5万円かかります。弟も軽い障害があり、働けません。そのように用紙に書き、生活保護が受給でき、一人暮らしができるようになりました。

扶養義務が強化されると、家族に生活の余裕がなくなり、両親も介助ができないため、私は外出が制限され、お金のかからない施設に強制的に入れられてしまうことになります。私は生活したくはありません。自分の趣味のものまで職員に勝手に捨てられてしまうような施設という場所で生活しやすい場所だろうと思うでしょうが、実は自由のない、生活意欲を失う場所なのです。

これからも、たとえ低収入であっても、前向きに生活保護を活用し、勇気を出して一歩一歩、歩んで

55

3 高齢の受給者には求人がない。でも、こつこつと努力は続けています

(埼玉県　男性　60代)

私は生活保護を受けて3年になります。今から8年前、25年勤めていた会社が倒産し、その後、仕事をいろいろしながら全国を転々としました。

受給して1年目は何が何だかわからず過ごしましたが、2年目になるとそうはいきません。役所からは「いつになったら働くのか、まだ元気なんだから仕事を見つけたらどうか」と言われ、それなりに仕事を探してみました。たまたま、運転手の仕事が2ヶ月あったりして、そういう仕事もしながら今に至っています。

「いいトシして、生活保護受けて、いいなあ」といった声も私の耳に入ってきます。でも、私はぜいたくをしているわけでもありませんし、本当にギリギリの生活です。仕事を見つけろ、というのなら、月に1万円は貯金をしていないと、なかなか見つかりません。それは交通費のためです。最終的には、60歳を超えると仕事はなかなかありません。あるとすれば、旅館・ホテルとかの住み込みです。

いきたいと思います。

ネックになります。昨年、少し光が見え、神戸に行って面接を受けて、決まりました。ところが戻ってきたら電話がかかってきて、話が変わって「勤めるのなら、自分で神戸に部屋を借りてほしい」ということでした。ハローワークの条件では、住み込みということだったのです。部屋を借りる費用がなく、諦めざるをえませんでした。

私たちはいま「グランパさいたま」という団体をつくって、生活保護受給者が手に職をつけて、いずれは独立したい、というための活動を始めています。受給者にも、陰でこつこつと努力をしている人もいる。そんな私たちに、力を貸して支援してくれている人もいる。マスコミの人たちには、お笑いタレントの親の受給問題だけではなく、そういうことにも光を当ててもらいたい。私はもう68歳になるんですが、元気なうちは、生活保護をもらいながらでも、世の中にちょっとでもお返しをできれば、と思っています。

生活保護問題対策全国会議に寄せられた当事者の声

生活保護問題対策全国会議では、芸能人の会見と厚生労働大臣による扶養義務強化等の表明に対して、5月26日から、会員を中心に生活保護利用当事者の方々から、報道機関や政府の姿勢に対しての意見を募集しました。

数日間で十数名の方から意見をいただきました。そのどれもが、自分たちの生命を支える「蜘蛛の糸」である生活保護に対する一方的なバッシングへの怒りと嘆きに溢れていました。

その声を聞いてください。

◆人は何と言っても生きる権利がある。人として生きる権利である。生活保護を叩いて、誰が何を得るのか？ 叩いている人、それを見て喜んでいる人、我が身に置き換えて考えてほしい。生活保護はそれを支える最後の制度であり、権利である。（47歳、男性）

◆民法の扶養義務を盾に生活保護申請が却下されることより、3親等内の親族に迷惑がかかると思わせ、暗に申請を辞めさせる新たな水際作戦が心配です。まるで3親等内の親族を人質にとったようなやり方は許すことができません。

民法の扶養義務を強制するなら、この条文が、憲法違反であるとして闘う必要があると思います。核家族化が進む現代社会において、一般家庭の収入で親族の扶養義務など負えるはずがないことは、常識であるといっても過言ではありません。仮に扶養した場合は、扶養控除がないばかりか贈与税まで負担させられるのではと心配になります。

また、今回のような、政治家が一人の芸能人をターゲットにし、自らの政治的目的を果たそうとする手法は、以前年金未納問題で一個人をバッシングしたときの手法と同様であり非常に不快です。政治目的を達成するために比較的発言力の弱い芸能人（大物芸能人でない）を個人攻撃することは、イジメ問題と同じ匂いがします。

本来、扶養義務者の存在は生活保護の受給と直接関係のないものと考えるべきですが、このような手法や報道には疑問を感じざるを得ません。芸人だけでなく誰にでも人生には浮き沈みが付きものです。たとえ今収入が多くとも将来が不安であり、なんとか自分だけは人に迷惑をかけないようにしたいので貯蓄をしておきたい、扶養までできないと考えるのは至って自然です。まして3親等内の親族を人質にとる国家に自分の将来を委ねられないという気持ちがますます強くなりました。(44歳、男性)

◆受給者は生活保護がなくなったら、あとは、生きる術がありません。死ぬしかありません。国民も、自分が預貯金も生命保険も、ありとあらゆる財産を活用し、何もなく頼れるのは保護だけだということを知ってほしい。役所からのしめつけ、マスコミのバッシング、自分がそうだったら……頼るものもなければ、守ってくれるものもない、そんな状況にある者を叩いていじめて何が楽しいの？　子どもがマスコミや街頭インタビューに答える大人達をみて、生活保護受けてるやつは悪いんだ、だから

いじめてもいいんだ、と思う。生活保護受けてる家庭の子どもが学校でいじめの対象になっていじめられる。大人社会でいじめてるんだから、子ども社会でもそうなり、日本はいじめを正当化する、とんでもない恐ろしい国になった。

お荷物だ、というなら、日本から逃亡して難民になり、外国で暮らせば日本国の予算が守られる？なら、難民になり、福祉が、国民が優しい欧州国家に受け入れてもらいたい。日本で暮らすことすら国は許さないのか。（40代、女性）

◆連日の生活保護バッシング報道をみていると、自分自身が生活保護を受給していることに後ろめたさを感じています。ただ最低限の生活を維持するために受給しているだけなのに、なぜ、ここまで、バッシングされないといけないのでしょうか？ただ生活保護を受給していたいとすら思います。

一芸能人の母親が生活保護を受給していたことを一国会議員がさらけ出すのは、プライバシーの侵害だと思いますし、権力を行使した暴力だと思います。このようなことは断じて看過できません。生活保護受給者にだって人権はあります。軽視しないでください。厚生労働大臣が、生活保護費の削減を検討すると言っていましたが、これ以上削減されるとどうやって生活をしていったらいいのでしょうか？これ以上、私たちを苦しめないで下さい。お願いします。（37歳、男性）

◆今の生活保護受給者に対するバッシングを見ていると、社会に迷惑をかけない人間ばかりなら、社会に迷惑をかける人間は社会に必要ないと言っているように感じます。しかし、社会に迷惑をかけない人間ばかりなら、社会自体が不要になってしまい

第2章　生活保護利用者の声

す。人間は社会を作り、相互に扶助しあうことで、弱ければ死ぬという自然状態を脱して種として発展してきたはずなのに。人間社会がより豊かになったかどうかの指標は企業の経済力や自治体の財政の健全さなどよりも、その社会でどんな状態になってもすべての人に「生」が保障されているかどうかだと思います。

（29歳、男性）

◆知人の元妻が数日前に自殺未遂をしました。うつ病で仕事ができないでいたのですが、生活保護は拒否され続けていました。元夫もがんで仕事が十分できず、支援ができなくなっていました。子どもたちも正規の仕事に就けず、連絡も取れなくなっている子もいます。親子の関係性も悪化しており支援は望めません。元妻は生活保護を拒否して死を選択したのです。

どうして生活保護を拒否したのでしょうか。社会の生活保護利用者への偏見や生活保護制度への誤解がこのような悲劇を多く生んでいると思われます。このようなバッシング報道が繰り返しなされることでより偏見や誤解が広がり、悲しい出来事が増えていくのではないでしょうか。個人攻撃のようなバッシング報道をすることは新たな被害を生み出します。生活保護制度への正しい理解を深めるような報道姿勢を期待します。

（55歳、男性）

◆この一連の報道で、生保を受けている人々が皆、不正受給していると一般の方たちに誤解を生むような報道の仕方に非常に怒りを覚えます。まして、待ってましたとばかりに受給の切り下げにまで話が進み、驚くばかりです。きちんと調べ対処してほしいと思います。これでは、生活保護の一斉粛清ではないだろうか。（44歳、男性）

61

◆あたかも不正受給が横行しているようなイメージ報道で、困惑しています。先進国で最低の捕捉率をこそ、なんとかしないといけないと思います。(57歳、男性)

◆東京を基準にしないでほしい。受給者には、一級地ではなく、二級地、三級地の方が多いのだから、東京を基準対象にしないでほしい。二級地、三級地の地方では金額は違う。単身、高齢は、報道にあるような金額にならない。

もらわなきゃ損、なんて思わない。卒業できるなら卒業したい。

障がい年金だけじゃ生きていけない。国民年金だけじゃ生きていけない高齢者はどうしたらいいの？生活保護を変える前に、年金を上げてください。賃金を上げてください。年金で暮らせるなら、生活保護は利用しない。

親族への扶養義務が強制になったとしたら、国に勝手に財産調べられて扶養を強制させられるなんて、日本は恐ろしい国になるよ。

国会議員の給料だって、税金じゃないの。先生と呼ばれる方々の給料で、いったい何人の生活保護費になるのやら？

こんなバッシング報道は、生活保護受けてる人間に死ねって言うことだよ。

人は自分の人生や年収を自分では決めることはできません。しかしながら、どんな境遇にいても、腐らず前に進むことができます。それは周りの理解や意欲があって、健全な精神があってこそです。

今回の一議員による、あってはならないプライバシー侵害や生活保護法の誤った周知は、私たち保護利用者の日々の生活意欲すら削ぐ内容であり、また保護利用そのものに対して偏見のある風潮を助長しました。

62

第2章　生活保護利用者の声

この議会には今からでも生活保護法を学んでいただき、今一度、メディアの前で、国民に、保護利用者に、今回の調査の手段・手法に誤りがなかったのか、納得のいくご説明をお願いしたいです。しかしながら苦しい生活の中での相互扶助やボランティア精神は、私の中にしっかと根付いています。

「病気や障がいはみんな好きでなったわけではない」

母の名言です。遺書だと思います。

不可抗力に陥った状況にあって世の無情を知る時、人は死と直面します。保護利用を締め付け、誤った保護法の周知や見世物的な晒し行為は、保護の利用を妨げ、不景気で鬱憤の溜まった国民の意識を、国政への要望やクレームから反らすかのように、社会的弱者を攻撃するような国のかたちの報道のあり方も、改めていただきたい。メディアや議員に、私たちの暮らしや生きる権利を剥奪する権限は、ないと信じたい。（37歳、女性）

◆今回のバッシングは個人情報保護法違反にあたると思います。また国会議員が市町村の一個人のことに言及するのはおかしい。

あの芸人の母親が、万が一、自殺でもしたら、あの議員はどう思うか？

マスコミも「激しく罵れ他人の失敗、黙って見過ごせ自分の失敗」。もう書くネタがないのでしょう。生活保護は認められている法律のはず。マスコミは本当にこの制度を利用している人間の気持ちを調べたことはない。情けない世の中です。（55歳、男性）

◆私は医者から治らないと言われた病気があり、その他にもいくつも病気を抱えています。今の制度でやっと病院にかかっていられる状態です。最近の報道では、生活保護の暮らしがさも良いように描かれていますが、私は今だって一日三食は食べていけません。物価が高過ぎるのです。今後、電気料金や消費税率の値上げが予想されますし、便乗値上げもあるでしょう。そうしたら、私たちはどうやって暮らしていけばいいのでしょう？

それに、生活保護受給者には身分を保証するものもなく、苦労が多いです。私たちの暮らしは辛く貧しいものです。

何故、こんな社会的弱者をバッシングするのですか？（49歳、女性）

◆家族や身内もなく、孤独に1人で生活保護受けてる方がいっぱいいます。仕事したくても、うつ病やパニック症候群や引きこもりになり、仕事を探す努力があっても、この先が見えず自殺するような方が出てる。こんな悲しい事件は皆さんがどう思ってるのか？ 人として、周りの方が手を差し伸べてあげてる方はどれだけいるか？

私も離婚して2年が過ぎます。旦那の暴行で、我慢の限界で別れました。今でも、その時を忘れることができず、眠れない毎日。安定剤や睡眠薬など飲んでも眠れない毎日。時々、病院まで15分の所へ行くにも、恐怖と悲しさで涙を流しながら、行こうと思っても行けずにいます。でも、死んでも何も解決しないとわかってるので、一歩ずつ歩いてるのに、「不正受給」などのニュースを観て、辛い私たちの気持ちを考えてももらえないのはすごく残念で悲しいです。

第2章　生活保護利用者の声

生活保護受給者の方で孤独に自殺しようと考えてる方の辛さをもう少し解ってほしいのと、一人一人の方が手を差し伸べてあげるべきではないでしょうか。思い遣りのある日本にしてほしい。今の日本は、その気持ちの「絆」がないように見えます。（38歳、女性）

◆今、生活保護の不正受給が騒がれてますが、ごく一部でそういう事実はあるものの、生活保護の受給者全てがそうではないのに、どうして悪く報道されねばならないのでしょうか。本当に生活が苦しくて生活保護を利用している方々は、どんな気持ちで報道を見ているのでしょう。私は何もできませんが、憤りを感じこれを書いています。やはり生活保護を受けられるという権利があるので、報道のやり方には納得できないです。（20歳、女性）

◆家族に生活保護制度利用者がいるかどうかは極めてデリケートな個人情報であり、業務上知り得た人（ケースワーカーなど）には守秘義務があるにも関わらず、メディアや一部国会議員に情報が漏洩していることが、まず驚き。制度利用者にはそれぞれの事情があり、一部芸能人の特殊な事例をもって、制度利用者全体を悪者扱いする今回の報道には疑問です。（47歳、男性）

◆ある芸能人の問題かも知れないけど、役所でやるレベルで、国会で審議することじゃない。あの芸能人は問題かも知れないけど、一気に世論を騒がせている生活保護。所得隠しや暴力団員の不正受給者はわずか。

私は親族からの虐待で施設に保護され育ち、なんとか奨学金で短大卒業できました。その後飲食店で働き一人暮らしを始めるも、過酷な労働とセクハラ等のあげく退職を強要されました。うつ病・胃潰瘍・腸炎・パニック障害・拒食症となり、今も通院しています。大震災で被災、負傷し急性ストレス障害になり障害者

65

手帳3級と判定交付されました。障害者年金はありません。家計には焼け石に水。光熱水費や物価がどんどん高騰して、毎月赤字にならないよう必死です。保護費をパチンコ等のギャンブルに使ったりしません。お酒も煙草もやりません。毎月本当にギリギリです。

10％引き下げられたらもう生きていけません。憲法で保障する最低限度の生活を営むためのお金を支給しないのは、違憲違法じゃないでしょうか。私は祖国から生存権を奪われ、見捨てられた棄民となって死んでしまいます。

5月25日、厚労大臣は「生活保護の受給額引き下げを検討する」と国会で発言。これだけ貧困が広がり物価が高騰し続けている時代に削減……。「生活保護に問題があるから受給額引き下げ」って、「問題は受給者増加、不正受給と外国人受給、貧困、ワーキングプアや少子高齢化ですが、ややこしいし面倒臭いので一律カットすればよいでしょ」っていうことでしょうか。

憲法25条で生存権を認めていて、「全て国民は健康で文化的な最低限度の生活を営む」権利と、命を守るための生活費を削るのは、違憲じゃない？

生活保障制度の理念と、不正ができなくなる制度を共存させる。それが国会議員の仕事で、その実現のために税金払ってるんです、国民は。本当に保護を必要としてる人に支給することは反対しない。

「国民」……つまり日本国籍を持たない外国人に支給しなくてよい？

不正受給問題なのに、論点すり替えて変なこと主張しないでほしい。「生活保護を受給しているからカットされるのも自己責任」と言うけれど、自己責任というのはいくつかの選択肢を自分の意思で選択し行動した結果派生するものなので、私だってできれば働きたい。健康でいたい。税金を納めたい。でも無理だから仕方

第2章　生活保護利用者の声

なく生活保護を受け、税金を頂戴しているのです。どうか人気取りのために私たちから生存権を奪わないでください。私を殺さないでください。(年齢・性別不詳)

第3章 マスコミによる生活保護報道の問題点

水島宏明（法政大学教授）

かつてない、洪水のような生活保護バッシング報道

私は「生活保護」のテレビ報道に長年携わり、現在は大学でジャーナリズムを研究しています。その目から見ても、お笑い芸人に端を発する一連の報道は「異常」としか言いようがありません。これほど長い時間かけてテレビで生活保護が報道されたことはかつてありません。しかも「不正受給」ばかりが強調され、受給者や肉親ばかりか、制度そのものへのバッシングが続いています。

人気お笑いコンビの母親が生活保護を受給しているという週刊誌報道がきっかけとなり、その後、芸人の名前がお笑いコンビ「次長課長」の河本準一さんだと明かされました。自民党・片山さつき議員が「不正受給の疑いがある」と厚労省に調査を要請し、他の週刊誌などが後追いする中、5月25日の昼、河本さん自身がテレビカメラの前に姿を現して記者会見しました。この日、テレビ各局でアイキャッチと呼ばれる、出しっぱなしの字幕に「生活保護」の言葉を並べ、ワイドショーやニュース一色でした。ニュースのリード文は「人気お笑いコンビ『次長課長』の河本準一さんが記者会見を行い、冒頭からこの問題一

第3章 マスコミによる生活保護報道の問題点

母親が生活保護を受給していたとして謝罪しました」。まるで生活保護を受けることが謝罪すべき問題といわんばかりです。「不正受給では？」とレポーターが質問する声がそのまま流れ、「不正受給」の文字も字幕で強調されました。

民放キー局にいた私の経験では、餓死事件などの生活保護の問題を放送しようとしても世間や社内の関心が低く、ニュースの枠ではせいぜい5～6分。それが年に一、二度できればよい、というのが実際のところでした。生活保護の報道は放送時間を確保するのがいつも難しい課題でした。

ところが河本さんの会見を境に、テレビは生活保護の報道を洪水のように繰り広げました。一回の番組で1時間まるまる生活保護というものもありました。生活保護を短縮した呼称、生保（せいほ）を「ナマポ」と呼び、朝から深夜まで多くの番組で集中的な放送。河本さんの映像をさわりに「生活保護不正受給のあきれた実態」などの特集につなぐパターンです。「実態」の特集。「ギャンブル」「酒」さらに「無料でもらえる薬品横流し」マルが販売されているという「実態」の特集。生活保護のネガティブな情報ばかり。

5月30日にはお笑いコンビ「キングコング」の梶原雄太さんが、母親の生活保護受給で釈明会見。「不正受給の認識はないとコメントしています」と報道され、またも「不正受給」を強調。人気タレントが導火線となり、一般人にはわかりにくかった生活保護のテーマが、国民の怒りの対象へとおどり出たのです。

ワイドショーやニュースの「不正受給」特集では、登場する生活保護受給者の大半が大阪・西成区のドヤ街居住者で、「一度もらうと二度と働く気がしない」というような言葉が意識的に放映され、生活

69

保護受給者＝だらしない人たちというイメージが強調されました。アイキャッチは「働かず年収400万円相当」「不正受給で財政圧迫」「正直者がバカを見る」など怒りをあおる言葉が並びます。保護費を受けとった日の行動を追いかけ、パチンコに行くところやコップ酒で酔う様子も放映されました。品行方正とは言えないかもしれませんが、これらは不正受給ではありません。資産や収入を隠した、病気を偽っていたなど、露見すると刑事罰を伴うものが不正受給です。不正受給ではないシーンが「不正受給」の特集で流されていたのです。

そもそも発端になった河本さんのケースも扶養義務が問題になった事例で、不正受給とはいえないものでした。貧困の現場では、扶養義務者に相応の収入があるのに援助しないケースはよく見かけます。特に貧困層では子ども時代の虐待や夫婦間のDVが目立ち、関係が断絶して援助したくない、という話は珍しくありません。

私が生活保護の報道に関わったきっかけ

生活保護でよく問題となるのが「濫給」と「漏給」という二つです。濫給は、本来、受ける資格のない人が受けているケースで、不正受給が典型です。他方、受ける資格があるのに受けていないケースを漏給と呼びます。

私が生活保護の報道に関わったきっかけは、漏給の事件でした。1987年、札幌市白石区で母子家庭の母親が3人の子どもを遺して餓死。母親はパート労働の掛け持ちで体調を崩した後に区役所を訪れていました。「生活保護を頼んだが断られた」「恐い目に遭った。二度と行きたくない」などと周囲に漏

第3章 マスコミによる生活保護報道の問題点

らしていたのですが、申請書を書かせてもらっていません。今で言う「水際作戦」の典型的なケースです。当時、私は地元テレビ局の記者でしたが、生活保護に関する体験談を募集したところ、涙ながらの電話が相次ぎました。母子家庭の母親が生活に困って福祉事務所を訪れても「女だったら体を売ってでも働け」「（離婚した場合には）別れた夫に土下座して復縁してもらえ」などと言われ、やはり申請書を書かせてもらえなかったというケースが次々明らかになりました。

地方の記者だった私は、行政だけでなくマスコミの報道に疑問を感じ、従来の生活保護についての報道を調べてみました。驚いたことに圧倒的に「不正受給」に関するものでした。少し前は臨調行革で「自立自助」が政府・財界の合い言葉で生活保護が標的でした。当時の大蔵省、行政管理庁、厚生省、各自治体などが、「不正受給」調査を繰り返し、「不正受給額　過去最高＊＊億円」と記者クラブ経由の発表を繰り返し、結果として、生活保護は「不正受給」の官製記事ばかりが流されていました。

一方、漏給はほとんど報道されません。多くの研究者が漏給は受給者数の4、5倍程度と推定しています。漏給が多いことは福祉のあり方としてセーフティネット機能が弱いことを意味し、欧米に比べ、漏給の割合が飛び抜けて高いことが研究者の間で問題視されてきました。しかし政府や自治体が調査や公表に消極的なため、本当の実態はよくわからず報道もされないという構図があるのです。職員が「まだ働ける」「親族に面倒みてもらえ」などと言って、申請させないようにします。受給している人にも辞退届を書かせて支給を打ち切ります。漏給の人たちは役所側が意図する形で「作られる」のです。

漏給が多い理由のひとつが「水際作戦」です。「こんな惨めな思いをするなら切られた方がまし」と思わせたあげくに。

札幌母親餓死事件を報道した後、私はロンドン特派員を4年間ほど務めました。イギリスの生活保護報道は、濫給だけでなく、漏給についても時間がさかれていることを知り、驚きました。漏給を報道するのは、信頼すべき研究機関が実態調査しているという環境の違いもありますが、公平な報道のために漏給も報道するというメディアの姿勢は明確でした。

報道がもつ加害性とは

今回の一連の報道では、漏給をどうするのか、という本質的な点を問うものはわずかです。生活保護制度には改善すべき点があることは筆者も異論はありませんが、「不正受給が多い」という観点だけで捉えて報じるのは問題の一面だけをみる「間違い」だと考えます。間違っているばかりか、報道がスティグマ形成に寄与するという「加害性」も伴っています。生活保護を受ける人はずるい人、だらしない人というスティグマがメディアによって「作られる」のです。世間の目を厳しいものにさせ、当事者を萎縮させ、制度の利用から遠ざけます。

「不正受給ではないかと疑いの眼で見られ、容疑者みたいに扱われる。近所の人にも監視され密告される」と受給者の声を聞きます。冷静に考えると福祉制度を利用するだけでスティグマにさらされる国とは一体どういう国なのでしょうか。

稼働年齢層の受給者が働けない理由には、低学歴や労働経験の欠如、知的・精神などの障害、アルコールやギャンブル等への依存症、家族との断絶、意欲や金銭感覚の喪失など、いろいろな問題が絡み合います。俗に言う「貧すれば鈍す」で、社会規範やマナーから見れば「だらしない」と見えるケースも

72

あります。それをどうやって社会で包摂し、社会全体をより安定したものにするかを議論すべきですが、報道も「だらしなさ」をあげつらい、けしからん、救うべきでないなど一刀両断で切り捨てて終わっています。それでは問題は解決しません。餓死者や自殺者、犯罪者を増やすだけです。

テレビでは、本当に努力しているべき人は救われるべき、安易に考えて怠けている人は受けられなくすべき、という意見もよく出ます。一見もっともですが、努力する、という行為の現れ方は人によって違い、相当の経験者でも判別しにくいのです。仮に両者を判別できたとしても、受けられない側に区分された人は、どこでどう生きていけばよいのでしょう。貧困の現場を長く見ていればわかりますが、この両者を誰が、どのように判別するのでしょうか。

ケースワークの役割と本来のセーフティネット

「ケースワーク」という福祉事務所の仕事は、本来、一人ひとりが持つ依存や障害などの問題を発見し、専門家と一緒に改善のプロセスに導き、孤独な人には人間関係を回復させるなどして社会復帰の手伝いをすることです。時間と労力のかかる気の長い作業ですが、貧困が広がる今、広く求められる唯一のプロセスと感じます。生活保護を見直すならば、こうした本来のケースワークをどう実現させるのかをまず考えるべきだと思います。ケースワーカーの仕事を抜本的に充実させなければなりません。

「不正受給」ばかりが報道されることで作られるスティグマで、受給者はますます劣等感に苛まれ、肩身の狭い思いを強いられています。近所の人から「不正受給じゃないの?」と露骨に言われた受給者もいます。

「疑われているのではと人の目が気になり、外出を控えている」。悲痛な声が寄せられています。生活保護受給者の自殺率は、平均の2倍以上の高さです。そんなのに偏見や無理解を拡大する報道はタガが外れたように垂れ流しです。あるワイドショーは、生活保護の「エピソード」を視聴者から集めて紹介しました。「生活保護を受給する家の中学生が、遅刻するからとタクシーを使っていた」「母親の服装が派手だった」「家をリフォームしていた」など。どれも報道として「ウラを取ってない情報」です。通報した人が言っているだけで事実かどうか確認していません。噂話を公共の電波に載せたのと同じ悪質さです。けっきょく、これらの報道が、生活保護を受けるべき人を制度から遠ざけるという状況を生んでいます。

以前、取材したシングルマザー。所持金がなくなって福祉事務所を訪れた際、職員から、本気で働く気があればどんな仕事でも見つかるはず、と説教されたあげく申請書は渡されずじまい。「あんなに人間扱いされないなら、死んだ方がまし」と二度と行っていません。生活保護を受けようとするとスティグマにまみれ、自尊心を傷つけられる。受けている間も「こんな屈辱的な生活はもうたくさん」と思わせ、状況が改善してないのに辞退届を書かされて無理に打ち切られる。水際作戦も辞退届の強要も、スティグマが根深いからこそ、役所側の思う通りに誘導されてしまうのです。

イギリスに駐在していた頃、生活保護を受ける30代のシングルマザーを取材しました。彼女は子育て以外の空き時間に、独居老人の話し相手をするボランティアをしていました。「困っている間は制度に助けてもらうけど、働くようになったら私が税金を払う方になる。お互いさまよ」。そんなふうに胸を張り、生き生きと活動に精を出していました。制度の利用者が卑屈な思いをせずお互いさまと言えるの

第3章 マスコミによる生活保護報道の問題点

が、本来のセーフティネット。しかし、日本では事態はいま反対方向へ進んでいます。政治家の発言を聞く限り、自民党、民主党、大阪維新の会などは生活保護制度の抜本的な改革が必要という認識で共通しているようです。一体いつの間に「抜本改革」まで進んだのでしょう？　多くの国民には寝耳に水のはずです。メディアが作り上げた「ムード」以外に理由は見あたりません。

「小さな声」は聞こえなくなるばかりか

6月下旬、東大阪市の職員30人の親族が、生活保護を受給していたと新聞報道されました。うち1人をのぞく職員が親や子、兄弟姉妹に関し「扶養できない」と回答し、なぜ仕送りもできないのかとテレビで糾弾されました。全国最多の受給者がいる大阪市も受給者親族の収入を調査すると発表しました。扶養義務を果たせ、という論調一辺倒ですが、冷静に見渡せば、欧米諸国で成人間の扶養義務を強化している国はありません。扶養義務は夫婦間と親の未成熟の子に対する義務に限定するのが国際的な流れです。個人主義が進む現代社会で扶養義務を強化させるのは前の時代への逆行なのに、芸能人なら、公務員なら、扶養できる「はず」とメディアが批判を強め、スティグマをあおり立てます。受給者やその肉親に「監視する」「密告する」と無言で脅しながら。

ある民放報道番組で出演者が「生活保護を受けることは恥ずかしいことだ」と発言しました。「生活保護を受けるのは恥ずかしいこと」という価値観を押しつける報道です。戦後に誕生した生活保護法は、憲法25条にもとづき、伝統的な「恩恵的に賦与するもの」「恥ずかしいもの」という受給観を転換して、「権利」として位置づけました。ヨーロッパ諸国でも、生活保護につい

75

ては、恥の概念と無縁な権利として定着しています。ところが、日本では生活保護に対する偏見や無理解が根強い上に、さらに親族の扶養義務強化という形で、肉親に押しつける構図に逆戻り。肉親もスティグマを持て、といわんばかりの報道が続いています。

別の民放ワイドショーではコメンテーターが「受け取る側のモラルも問題だ」「安易に受け取らないモラルが必要」と発言。受給の問題が法律にある権利ではなくモラルの問題にすり替えられています。受け取らないことが美徳という押しつけ。法律上生活保護の受給資格ありと判定されるケースにも「安易に受けとらない」ことをテレビが求めるのです。そんな報道の「加害性」は深刻です。行き着く先は、餓死か。自殺か。犯罪か。スティグマが報道で作り出されることにマスコミはあまりに無自覚です。

全国の市役所には「あの人は不正受給ではないか」「貯金があるのは間違いない」などの密告や通報が相次いでいます。「不正受給が多いのは役所の審査が甘いからだ」という批判の電話も少なくありません。

『生活保護についてどう思いますか?』というテレビのインタビューを聞くたび、精神的に落ち込んで死にたくなる」。うつ病で寝込みがちな受給女性の切実な声です。

ジャーナリズムの大切な機能のひとつに「声なき声に耳を澄ませる」という役割があったはず。しかし、冷静さを失った報道はスティグマを再生産し、モラルを強調し、差別的な監視をあおり立てます。スティグマを生むような報道が続く現状では、「小さな声」は社会の中でますます聞こえなくなるばかりです。

76

第4章 生活保護 "緊急" 相談ダイヤルの結果報告

1 準備も "緊急"。開催決定から実施まで9日間

2012年5月25日、母親の生活保護受給についての芸能人の謝罪会見と同日の厚生労働大臣による生活保護の扶養義務強化の表明をきっかけにして、テレビ・新聞・週刊誌・インターネットニュース等のあらゆるメディアで爆発的ともいえる生活保護バッシングが展開されました。「生活保護といえば不正受給者の集団」「扶養義務者がいるのに生活保護を利用するのはけしからん」と言わんばかりの論調が繰り返されました。

そんな中、現に生活保護を利用している当事者の気持ちは置き去りにされ、声を上げようにも声を上げることさえできないのではないか、もともと生活保護の申請に親族への扶養照会が大きなハードルになっているのに、この騒動に

よって生活保護の申請をさらに諦める人もいるのではと、東京の支援者団体では、5月30日にいち早く緊急相談ダイヤルの開催を決めました。全国的取り組みにしたいと、翌31日には関係団体のメーリングリストでの呼び掛けが始められ、6月7日までに全国6ヶ所（宮城、福井、静岡、東京、大阪、福岡。合計16回線）での開催が決定しました。広報期間は実質2日間で、関係者によるツイッターやフェイスブックでの投稿が繰り返され、6月9日を迎えました。

当日は、10時になってすぐに電話が鳴り始めました。そのほとんどが、バッシングや国の動きに対する不安や疑問の声で、鳴りやまない電話のコール音は、利用者や困窮者があげる悲鳴そのものでした。電話口からは「何度かけても話し中で、ようやくつながった」という声が多く聞かれ、この電話相談につながらなかった方も、かなり多かったと思います。

最終的に6月9日（土）の10時から19時までの9時間で、宮城5件、福井19件、静岡83件、東京109件、大阪89件、福岡58件の合計363件の相談電話がありました。その相談の集計結果と寄せられた声の中からいくつかをご紹介します。（なお、86頁から、主な事例をまとめたものを掲載していますので、そちらもご覧下さい。）

2　相談結果

（1）属性

第4章 生活保護"緊急"相談ダイヤルの結果報告

大阪での相談ダイヤルの模様

東京での相談ダイヤルの模様

① 本人からの電話266件、本人以外から81件。
② 性別は男性161件、女性187件。
③ 年齢は、20代8件、30代35件、40代59件、50代64件、60代53件、70代26件、80歳以上5件
④ 生活保護利用の有無‥
　生活保護受給中　124件
　生活保護未受給　195件（福祉事務所に行った80件、行ってない115件）

（2）不安の訴え

今回の緊急相談ダイヤルは、この間の報道や国の対応によって、当事者や生活困窮者がどれだけ不安な思いを抱えているかをお聞きするものでしたが、予想していた以上に深刻な事態でした。

何らかの不安を訴えた方は全体の44％にのぼる160人、その四分の一の42人が扶養義務の強化により親族・家族に迷惑をかけるのではと心配しており、今回の騒動による影響の大きさがうかがえました。

電話の声を聞くだけでも、つらくてつらくて仕方がない様子がわかる方が多く、相談者の誰もが大きな不安を抱え、電話してこられたかと思います。

■ 何らかの不安の訴え　１６０件　（①〜⑭の合計２９４件）
〈内訳・複数回答あり〉

① 生活保護が打ち切られるのではないか　　　　　　　　　　　２２件
② ＤＶ被害者だが夫に連絡がいくのではないか　　　　　　　　５件
③ 福祉事務所の指導が厳格になるのではないか　　　　　　　　２２件
④ 親族に扶養を要求され、迷惑をかけるのではないか　　　　　４２件
⑤ 生活保護を受けることに後ろめたさを感じている　　　　　　２２件
⑥ 報道騒ぎ以降、外に出にくくなった　　　　　　　　　　　　１１件
⑦ テレビや新聞、週刊誌が見られなくなった　　　　　　　　　８件
⑧ 人の目が怖くて気になる　　　　　　　　　　　　　　　　　１２件
⑨ 夜眠ることができなくなった　　　　　　　　　　　　　　　１４件
⑩ 飲んでいる薬の量が増えた　　　　　　　　　　　　　　　　３件
⑪ 食欲が落ちた　　　　　　　　　　　　　　　　　　　　　　６件
⑫ 体調が悪くなった　　　　　　　　　　　　　　　　　　　　１９件
⑬ 自分は生活保護を受けられないのでは（未受給）　　　　　　４２件

第4章　生活保護"緊急"相談ダイヤルの結果報告

⑭　その他（基準額引き下げへの不安、周囲からのいじめなど）　66件

【相談者の声】

・最初から泣いている。生きていちゃいけないのか、死にたい、苦しい、ＴＶを見るのが怖い。
・生活保護受給中。近所の人に、「受給者はクズ」と言われた。お金のない人は死ぬしかないのか。
・芸能人の生活保護のマスコミ報道がひどく、テレビが見られなくなった。どうしようもなくつらい。医者から「君はどうなんだ」と言われる。薬が増え、夜も眠れなくなった。死んでしまいたい。現物支給は差別だ。
・以前、仕事しながら生活保護を受けていたとき、職場で「税金で食べさせてもらってる」と言われたことがある。現在は病気で働けず生活保護で暮らしているが、周囲の人に知られないよう、毎朝ビジネスバッグを持って出勤するふりをしている。話せる人がいない。芸能人の報道以来、声が出なくなった。夜も眠れず、食欲も落ちた。今日は二週間ぶりに声を出せた。

（3）変わらぬ福祉事務所の水際作戦・硫黄島作戦

また一方で、水際作戦（窓口での申請拒絶）や硫黄島作戦（受給後の締めつけ）などの福祉事務所の違法、不当な対応についての相談も目立ちました。

福祉事務所の水際作戦は法律家や支援者の同行や、リーマンショック以降の厚生労働省の通知により次第に是正された感がありますが、支援者が誰もいないところでは、未だにとんでもない対応をされて

います。また、生活保護を利用しても、ケースワーカーの無理解や無茶な就労指導などにより、体調を崩したり自立からかえって遠ざかるという事態も依然として存在しています。
明らかに違法と思われるものが20件、違法性が高いものは29件と、福祉事務所の対応についての相談の4割が、違法性を帯びた対応についての相談でした。

■申請前の福祉事務所の応対：水際作戦（69件）
〈内訳〉
① 働いて生活しなさい　9件
② 扶養義務者に扶養してもらいなさい　9件
③ 所持金が無くなってからまた来るように　2件
④ 家賃が高いところは駄目です　3件
⑤ 車を処分しなさい　3件
⑥ その他　43件

【相談者の声】
・弟は持ち家を所有していたが、火災で焼失し現在入院中。生活保護の申請をしたが窓口で土地を処分することが条件と言われた。また退院後には市営住宅への入居を勧められたが、入居を認める条件として滞納している税金を払うように言われる。普通のアパートに入ることはできないのだろうか？
・四人兄弟のひとりが申請した。兄弟三人のうちの一人が2万円援助すると申し出たところ、担当者から、

第4章　生活保護"緊急"相談ダイヤルの結果報告

「他の二人についても2万円ずつ援助しないと保護は受けられない」といわれて困っている。

・生活保護の申請をし、担当者が家に調査に来たが、借家で家賃がタダの場合は生活保護の利用はできないと説明された。

■生活保護利用中の福祉事務所の応対：硫黄島作戦（52件）

〈内訳〉
① 厳しい就労指導を受けている　　　　　　　12件
② 保護費の返還を求められている　　　　　　4件
③ 交通費を出してもらえない　　　　　　　　1件
④ 保護を廃止すると言われた　　　　　　　　3件
⑤ ケースワーカーが怖い　　　　　　　　　　6件
⑥ 仕事に必要なのに車を処分せよと言われた　1件
⑦ その他　　　　　　　　　　　　　　　　　25件

【相談者の声】

・三年前から生活保護を利用している。今月は就労指導が厳しい、収入が少ないと言われる。ケースワーカーから「今すぐ何とかしろ」「待てない」「転職しろ」「厳しい人と話して就労指導を強化する」と言われ、脅された感じがしている。

・70代男性。特殊な仕事の技能があり、ときどき短期の派遣の仕事がある。仕事があれば保護を停止して出

張に行くが、福祉事務所と名乗って派遣先に電話し、収入等を調査され、派遣先の態度が途中からおかしくなった。そこまでされなければならないのか。その後、福祉事務所が嫌になって、生活の目途はないが、保護を辞退した。

・20代女性。うつ病とパニック障害があり受給中。バッシング報道以来、就労指導が厳しくなった。子どもを学童保育に預けて働けと言われるがそうするにはフルタイムの仕事が必要。いきなりフルタイムで働ける体調ではない。アルバイトをして体調が悪くなったので退職したら、ケースワーカーから「考えすぎるからパニックを起こしてすぐ辞めることになるんやろ」とバカにしたように言われた。病気になりたくてなったわけではないのに。ケースワーカーの訪問の度、体調が悪くなる。

（４）制度自体に対する問い合わせも多数

こういう場合に生活保護を受けられるかという質問や、申請手続についてなど、生活保護制度についての一般的な問い合わせも99件（相談件数の約3割）ありました。このことは、今は受けていなくても、将来的に生活保護を受けざるを得なくなるという経済状態にある人が多数いることを示しています。またその中でも、「（２）不安の訴え」の結果で「自分は生活保護を受けられないのでは」という相談が42件もあったように、制度の周知が十分でなく、そのために、生活保護利用を躊躇する方も多いということがわかりました。

3 相談結果から見えてくるもの

生活保護による世間の無理解・偏見が蔓延する中での今回の騒動は、より偏見を深め、利用者を「死んでしまいたい」とまで言わせる程に傷つけるものでした。当事者の声を伝えたいとの今回の緊急相談ダイヤルの結果はマスコミでも取り上げられ、関係団体の声明の続発もあって、報道はいったん落ち着いたかにも思えます。

しかし、今回の緊急相談ダイヤルは、貧困と格差が拡大する中で生活保護制度に対するニーズが高いものであること、一方で、従来からの水際作戦・硫黄島作戦が未だになくなっていないことも明らかにしました。その後の相談や報道で、「厳しくなってるから」「芸能人の問題もあったので」と、今回の騒動を口実に新たな水際作戦が展開されています。生活保護を受けて自立に向かって進んでいくことができるはずなのに、政府や福祉事務所の対応によって、それが妨げられることがあってはなりません。

今後も私たちは、当事者の支援をするとともに、生活保護制度の改善に向けて取り組んでいくつもりです。

生活保護緊急相談ダイヤル 相談事例（抜粋、2012年6月9日実施）

1. 被災し、岩手県に避難。息子と2人暮らし。息子の就労収入は、それほど多いものではない。生活保護の申請に行ったが、「保護を受けてもほとんど保護費が出ないから」と申請をさせてもらえなかった。息子の通勤のためのガソリン代がかかるほか、自分の膠原病治療のためのタクシー代が払えず、通院できない状態にある。

2. 年金収入は5万円しかない。半年前に生活保護の相談に行ったところ、20年以上前に別れた妻のところに置いてきた娘（別れたときは2歳くらい）の「承諾書」を取ってくるように言われた。遠方まで会いに行ってみたが、「承諾書」は取れなかった。仮に生活保護を受けられるとしても、毎年のように娘のところに照会が行くとしたら迷惑だろうから、申請をするかどうか、悩む。

3. 実家と元夫からDVを受けていた。生活保護がなければホームレスになるしかなかった、とても助かった。しかし同時に後ろめたい気持ちもある。最近のバッシングの結果、生保がなくなったら困る。

4. 制度改正の動きが心配、一時的な盛り上がりで制度が変えられてしまいそうで不安。自民党は保護費を1割カットすると言っている。変わるとすればいつか？

5. 幼児の頃から両親から虐待を受けていた。現在は両親とは交流がない。今、両親は生活保護を受給中だが、法律とは変わり私たち夫婦が扶養しなければいけないのか？

6. 3年前から生保。今月は就労指導が厳しい、収入が少ないと言われる。ケースワーカーから「今すぐ何とかしろ」「待てない」「転職しろ」「厳しい人と話して就労指導の強化する」と言われ、脅された感じだ。3年前に離婚して子どももいる。

7. うつ・パニック障害。生活保護から抜けだして自立したいと思っている人は多い。不正受給じゃない受給者がほとんど。生保を受けていると、病院、役所などいろいろなところで心ない対応をされることが多い。就労支援を充実させてほしい。「不正受給」はなくすべき。ただ、お笑いタレントの件は、不正ではないと思う。ケツを叩くのではなく、細やかな対応、行き届いた対応をしてもらえたら自立につながる。

8. 障害者年金（精神手帳2級）の額が下がった。月10万2400円。家賃3万200円。医療費は月4万円（国保）。糖尿病。資産なし、所持金4万円（口座含む）。77歳の母が近所にいる。2ヶ月に1度くらい福祉事務所に行くが、仕事をさがしてくれと言われ、生活保護の申請はできなかった。身内に援助してもらえと言われる。

9. アパートが8月いっぱいで取り壊される。家賃6万円。転宅費がない。失業保険（月15万円）は6月が最後の支給日。健康保険にも入っていない。預貯金もなく不安。子はいるが30年以上前に離婚して、全く会っていない。姉や子に迷惑がかからないか。生活保護を申請したら、姉や子に迷惑がかからないか。

第4章 生活保護"緊急"相談ダイヤルの結果報告

10 生活保護に対するバッシングは、今始まったことではなく、前からあった。しかし、この騒ぎは何だろう。病気(自己免疫性肝炎)になって、薬を飲まないと悪化する。福祉のおかげで命が助かっている。不正受給者のような目に晒されて病院に行くのも怖くなった。差別を受け、自民党のバッシングは異常。情緒不安定になった。引け目を感じる。騒がないでほしい。もう死のうという気になる。受給者はスケープゴート……マスコミはヤラセだ。

11 母子家庭で頑張っていたが、娘とともに体調を悪くして2〜3年前に生活保護を受給することになった。現在仕事もなく体調がさらに悪いので、病院で治療中。役所のケースワーカーは定期的に来て「働け、働け」と追いつめるよう言う。病院に行っているというと、確かめるという。

12 今は生活保護を受けていないが、以前受けていた。5歳の子どもについて、その父親が認知したが、お金を持ってくような人でいいことはなかった。現在私も再婚して、子の父は表面上縁が切れたが、向こうが「扶養義務」を果たしていないのに、自分が保護を受けたのは?扶養義務が強化されたら、子の将来累が及ぶのでは?すごく怖い！また親からの虐待からだった。親から連絡があったらと思うと……

13 生保開始の1年経過後、足を骨折。ケースワーカーから働け、と追い込まれた。働く意思はあるが生保を受けたために、うつになった。人としてみてほしい。不正受給はしていない。

14 父72歳。10歳のときに父母が離婚、母に引き取られ、父とは30年間会っていない。最近福祉事務所から扶養照会があった。扶養義務はあるのか。

15 私の父が生活保護を受けている。父とは16年間絶縁状態だが、扶養しなければならないのか。父にはずいぶん昔に迷惑をかけられて、探せないようにしてきた。

16 昔保護を受けていて今は受けていないが、この先どうなるかわからない。議員の人が受給者は在日だとか、1ヶ所に集めればよいんじゃないかと言うので、それを見るたびに保護は受けてはいけないみたいと思ったりする。前に受けていた福祉事務所の課長みたいに優しくて誠実に対応してくれる人なら不正受給をしようという気にならないはず。取り締まるとかそういう風にバッシングしないで‼

17 最初から泣いている、生きていちゃいけないのか、死にたい、苦しい、TVを見るのが怖い。

18 離婚し成人した子供が2人いる。10年以上交流がない。生保を受けたいが扶養照会が行くのは困る。

19 弟のことで。40代単身。持ち家を所有していたが、火災で焼失し現在入院中。生保申請したが窓口で土地を処分することを勧められたが、入居を認める条件として滞納している税金を払うように言われる。普通のアパートに入ることはできないのか？家具などは何もない、家具什器費の説明もない。

87

20	病気で就労が厳しくなったので、掛け持ちパートができなくなり生活保護を受けた。現在受給中。開始前の相談段階の相談員には詐病扱いされた。申請前の一ヶ月の出納帳をつけさせられ、誤差（間違い）を訂正させられ問い詰められた。わずかな誤差が出れば、パチンコをやっていると問い詰められ、つらい。
21	被災者。前に生活保護を受けていたが、義援金180万を受領したために保護が切られた。今は義援金も尽き、生活する金がない。3月に最後の保護申請に行ったが「働け」と言われる。
22	何年も前に相談したとき、「子供に援助してもらえ」と言われたことがある。収入が少ないので申請したいが、心配。
23	過去に相談したことがある。近所の人に、「受給者はクズ」と言われた。
24	受給中。うつが悪化した。
25	受給中。最近の報道を受けて心理的にプレッシャーとなっている。
26	4人兄弟のひとりが申請した。兄弟3人のうちの1人が2万円援助すると申し出たところ、担当者から、「他の2人についても2万円ずつ援助しないと保護は受けられない」といわれて困っている。
27	絶縁状態の母が受給しているが、人の目が気になる。報道が怖い。
28	親の虐待をきっかけに受給した。議員の言葉がきつい。親の言葉と重なる。親に面倒を見てもらうというのは、死ねというのと同じだ。ケースワーカーに取調べをされているように感じる。ケースワーカーの言葉がきつくて自殺した人がいる。家族に調査が行くなら死ぬしかない。
29	親族にあらためて扶養照会されるのか。ケースワーカーに「週3回ハローワークに行かないと打ち切る」と言われている。
30	役場で担当者が「申請しても認定が出るまで1ヶ月から2ヶ月かかる」「自分でアパートを借りてから申請してほしい」と説明された。
31	市役所で、過去に受給したことがある人は再度の利用は難しいと説明された。
32	生活保護の申請をし、家に調査が来たが、「借家で家賃がタダの場合は生活保護の利用はできない」と説明された。
33	自分で生活保護の申請に行ったが、貯金がゼロにならない駄目だと説明された。
34	母子家庭の母（障害者手帳あり）。私は不正受給じゃない。子どもは高校生（過食・拒食あり）。これまで利用できていたのか心配、不安。生保を受けていることや、このまま利用していけるのか心配、不安。生保を受けていることや、病院の診察をタダで受けていることも心苦しい。
35	芸能人の母の生活保護のマスコミ報道がひどくテレビが見られなくなってつらい。医者から「君はどうなんだ」と言われる。薬が増え、夜も眠れなくなった。体調が悪い。死んでしまいたい。現物支給は差別だ。

第4章 生活保護"緊急"相談ダイヤルの結果報告

36	夫（精神2級、身体3級）と妻（精神1級）で保護受給中。親から援助を受けられるだろうと福祉事務所から言われるのではと不安。薬の量が増えた。
37	以前仕事しながら生保を受けていたとき職場で「税金で食べさせてもらってる」と言われたことがある。現在は病気で働けず生保で暮らしているが、周囲の人に知られないよう、毎朝ビジネスバッグを持って出勤するふりをしている。芸能人の報道以来、声が出なくなった。今日は2週間ぶりに声を出せた。
38	妹が保護申請中で扶養照会が来た。扶養できる状態ではないので、そのように回答したが、今後、法改正されて扶養するよう求められたりするのではないか不安。
39	両親は10年前に離婚。私は母と同居し扶養している。1年前、父の生保申請にあたり扶養照会がきたが、扶養不能と回答した。母は父から財産分与も慰謝料も要求せず離婚したのに、今、私に多少収入があるからといって、さらに父も援助しなければならなくなれば、私たち自身が生活していけず、将来も不安。
40	生保受給中の50代女性。申請時、窓口で「女なら他に仕事がある」と言われたり、人間性を否定されるような扱いを受けた。先月も80歳になる亡母の姉に扶養照会がされた。不正受給のバッシングをしている国会議員やテレビコメンテーターは受給者の実情を何も知らないのではないか。食品が現物支給になれば、その日の体調によっては摂食できないこともあることなど、全く想像できないのだろう。
41	4年前から診療内科に通いながら生保受給中の単身女性（障害者手帳あり）。テレビを見るのが怖い。姉がずっと精神的に支えてくれているが、これ以上迷惑をかけることはできない。姉に扶養が要求されて、せっかく就労支援を受けて自立しようとしている最中なのに体調が悪くなるここで保護を打ち切られたらどうしようもない。
42	60代の父（身体障害者）と30代の息子（B2の知的障害）で長く生保受給中。連日のお笑い芸人の報道を見ていると、自分の保護も打ち切られるのではないかと不安で仕方がない。最近週3日頑張って仕事にも行き始めたが、夜も眠れず体調も悪くなった。この声は伝えてほしい。
43	生保受給中の40代単身女性。難病で入退院を繰り返しているが、医者が意見書を書いても「普通の人は電車で行くんだよ！」といって通院移送費を出してくれない。「生保受給者は税金だからおごったりおごられたりしてはダメ」とも言われる。バッシング報道や生活保護締め付けの騒ぎで、生きた心地がしない。何のために生きているのかと思う。無言の圧力を感じ、病気のため毎日水を2ℓ飲まなければいけないが、飲んでも吐いてしまうようになって飲めなくなった。
44	70代男性。内縁の妻の持ち家で、内妻の収入で長年暮らしていたが、内妻が倒れると、内妻の身内から内妻の収入をとりあげられ、家を出て行くよう言われた。ガスも止まり、生活のめどがたたず生活保護の申請に行くと、内妻の収入で暮らすよう言われた。家の退去を迫られていると話すと、ホームレス支援施設に行けばいいと言われた。

45　70代男性。特殊な仕事の技能があり、ときどき短期の派遣の仕事がある。仕事があれば保護を停止してもらって出張に行くが、福祉事務所から、福祉事務所と名乗って派遣先に電話したら、収入等を調査され、派遣先の態度が途中からおかしくなった。給与振込み通帳を見せるのか見せないのか、そこまでされなければならないのか。その後、福祉事務所が嫌になって、生活のめどはないが、保護を辞退した。

46　60代男性。夫婦で10年以上受給している。交流のない兄への照会をされるのか、ニュースで不安になった。

47　60代男性。精神疾患で受給中の男性。今言われている法改正の詳しい内容を知りたい。いつごろ改正されてしまうのか。親族に知られたら白い目で見られ勘当されると思うので、ご飯も喉を通らない。「生活保護」という言葉を見聞きする度、胃が縮むような思いをしている。自分がもっと社会の役に立てるような人間ならよかったのだが、病気で役に立ってないので、死ねと言われているように感じる。

48　60代男性。自分と妻の年金とパート収入をあわせて月12万円で生活している。妻が働けなくなったら保護申請しようと思うが、娘の婿には知られたくない。娘が恥をかく。そこそこ収入があるなら親兄弟をみるのは当然と言われても、皆、夢があって働いているのだから、そこに無理難題を言っていくくらいなら死んだ方がましです。また、現在、自分の実父が月3・5万の年金だけで1人で生活しており、他の兄弟に生活保護を受給させるのは子の恥だと言うので月5000円ずつの仕送りを強いられているが、娘の事例があるのでかなりきつい。ただ、自分なところが仕送りするのはかなりきつい。ただ、自分の事例が「こんなふうにほかの人も頑張れ」というふうに利用されることだけは絶対にあってほしくない。

49　20代女性。うつ病とパニック障害があり受給中。バッシング報道以来、就労指導が厳しくなった。子どもを学童保育に預けて働けと言われるが、学童保育に預けて働けと言われるが、学童保育に預けて働くにはフルタイムの仕事が必要。いきなりフルタイムで働ける体調ではない。この間アルバイトをしていて体調が悪くなったので辞めたら、ケースワーカーから「考えすぎるからパニックを起こしてすぐ辞めることになるんやろ」とバカにしたように言われた。病気になりたくてなったわけではないのに。

50　60代女性、受給中。夫と自分はシックハウスから化学物質過敏症になり、飲み水、食器を洗う水や調味料、あらゆるものに、症状を引き起こさないものを選ばなければならず、保護費の範囲内での生活に今でも非常に苦労している。今、保護費の引き下げが言われているが、そうなったら水も飲めないと不安でたまらない。精一杯努力して生きている人がいることをわかってほしい。

51　40代女性、受給中。夫と子どもがいる。車を処分させられたが、夫の仕事は港湾関係で、車が不可欠。就職活動では、車があることを採用の条件にされる。これまでの子は6ヶ月になったら保育園に預けていたのに、最近生まれた一番下の子は、3ヶ月になったら乳児院に預けられている感じがする。自立したいのに足をひっぱられている感じがする。生活保護のことが毎日報道され、つらい。

第4章　生活保護"緊急"相談ダイヤルの結果報告

52	50代女性、受給中。障害のある子と、看護学校に行っている子がいる。障害のある子のため長時間のヘルパーを頼んでフルタイムパートで働いたら、ケースワーカーからは給与額だけで「自立していいよ」と言われた。介護費用を考えたら自立できるはずがないのに、何もわかってくれない。看護学校に行っている子は世帯分離されているが、実際には2人分の生活費で3人生活せざるを得ない。看護学校はバイトもあまりできない。奨学金を高校のときから たくさん借りているこの子に、将来、私と障害のある兄弟の生活まで負わせなければいけないのか。自立したいと頑張っているのに、その気持ちをそぐようなことをしないでほしい。
53	義父が病気で保護受給中。申請のときも調査が来たが、自分たちも共働きしても精一杯。さらに厳しい調査をされるのか。
54	義父が保護を受けているが、自分たちもぎりぎりの生活。自分は今まで専業主婦だったが、働き始める予定。そうなれば保護課から援助を求められることになるのか。
55	40代男性、受給中。最近の報道から生活保護に後ろめたさを感じ、病院にも行きづらい。
56	40代男性、受給中。病気で受給中。最近の報道から、他県で働いてギリギリの生活をしている息子への親族照会がいき、迷惑をかけるのではないかと不安。
57	自分の親ががんで受給中。自分は妻と折り合いが悪く、妻から、銀行一括照会で自分の預金が調べられるのなら別れると言われた。
58	疎遠になっている兄弟が受給中。今までも親族照会が届いていたが、いつまで、どのくらいの頻度送られてくるのか。
59	両親が受給中。自分は有期労働（1年契約）。扶養義務の報道を見てから、将来の夫に迷惑をかけるのではないかと夜眠れないことがある。

第5章　生活保護バッシング、餓死・孤立死事件と生存権裁判

井上英夫（金沢大学教授）

格差＝貧困・不平等の拡大により餓死・孤立死が頻発するなか、社会保障の削減、消費税等増税の大攻撃、そして生活保護に対する激しいバッシングが続き、最後の安全網（セーフティネット）としての生活保護が、1950年制定以来の最大の危機を迎えています。生活保護を守るのはもちろん、私たちの劣等処遇意識を変え、より豊かに発展させる闘いが求められています。

1 餓死・孤立死事件と生活保護バッシング

（1）札幌白石区餓死・孤立死事件

2012年初頭から、全国的な貧困の拡大を背景にして、餓死・孤立死が各地で頻発する異常な事態となっています。こうした中で、25年前、生活保護を受けられなかった母親が衰弱死し、3人の子どもたちが残された母親餓死事件が発生した札幌市白石区で、またしても、42歳と40歳の姉妹の病死、凍

第5章　生活保護バッシング、餓死・孤立死事件と生存権裁判

死・餓死事件が発生しました。昨年12月に死亡、発見は今年1月20日でした。お姉さんは、生活保護の相談に3回も福祉事務所に行っていました。姉妹は、申請を認め生活保護を開始するなど適正な生活保護行政そして障害のある人（妹さんには知的障害がありました）への福祉行政が行われていれば生命を失わなかったことは明らかです（全国「餓死」「孤立死」問題調査団編『餓死・孤立死の頻発を見よ！』あけび書房、2012年参照）。国、自治体の生活保護・福祉行政の「貧困」さ、違法な行政が招いた結果であり、国、自治体の行政、民事、刑事責任が厳しく問われなければなりません。

（2）生活保護バッシングと生活保護の「見直し」

ところが時を同じくして、人気お笑いタレントの母親の生活保護受給を週刊誌が報じたことを契機に、生活保護制度と制度利用者全体に対する大バッシングが起こっています。本書で明らかにしているように、不正受給とは言えない事例なのですが、「自公民政府」は、不正受給対策の徹底を口実に、しかも法改正まで踏み込み、水際作戦、申請権侵害、扶養義務調査等これまで行ってきた数々の違法行政を一気に正当化しようとしています。

2　生存権裁判とは

このような情勢の下、2006年から全国9都府県で提訴された生存権裁判が闘われています。生活

保護の老齢加算廃止の不当性を訴え、北九州市等の自治体と国を裁いている事件です。70歳以上の人の保護費が、東京の場合約10万円から約2万円、2割も減らされました。老齢加算廃止を認めるということは、生活保護基準が引き下げられるということです。そうなれば、年金、医療、介護、保育等社会保障給付削減、さらには最低賃金、賃金そして就学援助、奨学金等教育の水準の引き下げに連動し、税金、保険料、一部負担等国民負担が引き上げられます。その影響が生活保護を受けている人々、高齢者のみにとどまらず、子どもから高齢者まで、全ての人の生存、生活、健康、そして労働、教育にまで及ぶので、生存権裁判と呼んでいるわけです。

原告になったきっかけは「これまで支給されていたものを減らすあるいはなくすということに、単純に腹が立ちました」というものです。また、廃止されて何が一番困るかという問いには、異口同音に、香典や交通費がなく、親族、友人の葬式に出られないこと、すなわち社会との絆が断たれることを挙げています。まさに、「文化的」な最低限度の生活が失われているのです。

2012年4月2日、最高裁第二小法廷は、生活保護を国民の権利として認め、生活保護の老齢加算の廃止処分は必要な手続きを尽くさず違法で許されないとした画期的な福岡高裁判決を破棄し、さらに廃止の過程、手続き等について十分審理を尽くさなければならないとして、差し戻しました。

第二小法廷もさすがに、原告の思い、そして生存権裁判支援運動の急速な広がりを無視できず差し戻したと言えるでしょう。さらに、第二小法廷判決には、藤岡正彦裁判官の「生活に窮する高齢者の尊厳が全うされるとともに、健康で文化的な最低限度の生活の確保が損なわれることのないよう特に慎重な配慮が望まれる」という意見が付きました。この意見を、福岡高裁はもちろん全国の裁判所、政府・厚労省、自治体そして国民全体の共通認識にしていくようさらに大きな運動を展開すべきだと思います。

3 生存権裁判の意義

生存権裁判は、生活保護をより豊かにし、社会保障を人権として確立し、憲法の人権保障を保持していくため重要な闘い＝不断の努力（憲法12条）の一つです。

（1）社会保障は、公助－恩恵、共助－支援ではない

「社会保障と税の一体改革」は、社会保障を自助、共助、公助すなわち自助・自立を国民相互の共助・連帯で支援していくものへと変質させています。これは、社会保障の恩恵、支援・援助から人権保障へという歴史的な発展を無視し、社会保障・生活保護を恩恵の時代であった第二次大戦前に引き戻すものです。

これに対しては、日本国憲法、そして現行生活保護法の保障する「人権としての社会保障」を対置すべきでしょう（福祉国家と基本法研究会・井上英夫・後藤道夫・渡辺治編著『新たな福祉国家を展望する――社会保障基本法・社会保障憲章の提言』旬報社、2011年参照）。

（2）生活保護を豊かに
① 保護を受ける人が少なすぎる――「漏給」をなくす

2011年には生活保護を受ける人が205万人を超えて「過去最多」になったと報じられました。

しかし、貧困・不平等の拡大に比し日本の保護率や捕捉率は低すぎ、まだまだ生活保護を受ける人が少

ないのです。したがって、不正受給をなくす（濫給防止）ことも重要ですが、保護を必要とする人が保護されるよう「漏給」を防止してこそ、餓死・凍死・孤立死を防ぎ生活保護本来の最後の安全網としての役割を果たすことになるのです。

② 生活保護基準が高いのではなく賃金が低すぎる

貧困・不平等の拡大で一番深刻なのは、貧困が若者にまで広がり、追いつめられたその若者から「生活保護基準が高すぎる」という声が起こっていることでしょう。しかし、冷静に考えれば、賃金が低すぎる。働いても食べられないのがおかしいのです。生活保護基準を引き上げ、それに連動させて最低賃金、賃金を引き上げるべきでしょう。

③ 「健康で文化的」な生活でなければならない

生活保護基準は、本当に高いのでしょうか。葬式に行けなくて、絆が断たれて文化的生活といえるでしょうか。葬式に行くのは、加算＝おまけでしょうか。病院へ行くのを我慢するのが「健康な生活」でしょうか。税金により保護されているのだから、「お上の世話になっているのだから」、贅沢言うな、我慢しろというのですが、生活保護を受けている人は、人間として劣っているのでしょうか。

④ 「劣等処遇」そして「恥だという意識」の克服――最低生活から人並みな生活へ

生活保護を受けている人は、働けない人は、働いている人より低劣な生活を耐えしのばなければならないのでしょうか。「最低限度の生活」も「健康で文化的」でなければならないはずです。

恩恵の時代には、貧困は個人が怠惰で劣等な人間だから本人の責任だ、劣った「処遇」は当たり前だと言われてきました。生活保護の歴史は、こうした劣等処遇意識と保護を受けるのは「恥だとする刻印

第5章　生活保護バッシング、餓死・孤立死事件と生存権裁判

（スティグマ）」と本人・家族の恥意識の克服の歴史でした。

新憲法のもとで、第二次大戦後の窮乏状態から経済発展を遂げた日本です。そろそろ、日本でも劣等処遇を脱却し、「最低」生活の保護から国際的基準（グローバル・スタンダード）になっている「人並み」で、十分な生活」を保障する、さらには健康権のように「最高水準」の保障を実現する時代になっているのではないでしょうか。

⑤ **生活保護行政の適正化こそ必要**

生活保護が適正に運用されていれば餓死・孤立死の多くは防げるでしょう。生活保護の歴史は、「適正化」の歴史でもあります。不正受給を防止するために「適正化」するというのですが、多くの場合は、本当に必要な人にも保護を受けさせない、必要な人を無理やり「自立」させるというものでした。しかし、適正化されなければならないのは、生活保護法を正しく理解し、適正に解釈・運用しなければなりません。

生活保護バッシング、生活保護法改悪、そして「社会保障と税の一体改革」を粉砕し、新たな福祉国家を建設するために生存権裁判運動を大きく発展させましょう（この点、井上『住み続ける権利』新日本出版社、2012年、をご覧ください）。

付記：2013年12月16日、福岡高裁は、差し戻し審において、控訴棄却の判決を出しました。原告の生活実態に立ち入らず、厚労大臣の裁量を全面的に認める全く「血も涙もない」形式的不当判決でした。あまりの理不尽さに、80歳を超える原告の怒りはますます大きく、直ちに最高裁に上告しました。

第6章 生活保護をめぐる最近の動きと改革の方向性

吉永　純（花園大学教授）

本書は、芸能人の母親の生活保護利用をめぐる報道に端を発して過熱している、生活保護バッシング、「改革論」への冷静かつ正しい対処を狙いとしています。自民党案のような「給付水準10％一律削減による自立意欲の向上」論は、出口のない雇用状況や、貧困を背景にした餓死が相次ぐ現在の日本の実状を無視した暴論でしかありません。

本稿では、非正規雇用の増大など雇用の劣化がもたらした貧困の拡大、2003年以降社会保障審議会で積み上げられてきた議論や、各地での実践を踏まえ、あるべき改革論を提案するものです。

1　生活保護制度評価の諸側面

生活保護制度の役割、機能を評価する場合、以下の主に五つの領域を検討すべきです。

第6章　生活保護をめぐる最近の動きと改革の方向性

（1）生活保護基準額

まず、生活保護利用者の生活保護基準（ナショナルミニマム）の妥当性です。後述のように、生活保護基準は、単に生活保護利用者の生活だけでなく、低所得者、賃金労働者、年金生活者、各種福祉給付、貸付、サービスの利用料等ナショナルミニマムとして市民生活に大きな影響力をもっているからです。

（2）最後のセーフティネット（安全網）

次に、最後のセーフティネット（安全網）として制度の妥当性です。貧困の拡大、複雑化のもとで、現行の生活保護制度（理念・目的、原理・原則、扶助の種類・方法、権利・義務関係、権利救済など）が生活問題に適切に対応する仕組みになっているかということです。

その他（3）**法解釈や行政運用**（生活保護では通達に基づく現場の運用が大きな役割を担っている）、

（4）**生活保護制度を支える体制**（ケースワーカーなどの人的配置とその専門性、生活保護財政など）、

（5）**保護利用者への支援の方法論**（生活保護制度や他の福祉制度を使って、いかに効果的な利用者中心の自立支援を行うか）などがあります。

本稿では、本書の発刊趣旨と紙数の関係から（1）（2）を中心に言及し、必要な限りで（3）～（5）にも触れることにします。

2 生活保護基準

(1) 特徴

生活保護基準は、市民生活に多大な影響を及ぼします[1]。この間の特徴は、自公政権時代の2007年に生活扶助基準引下げにストップがかかって以降、2009年政権交代を経て一定の改善が見られます。

(2) 経過

周知のように、生活保護基準額の算定方式は、一般世帯の消費支出とのバランスで決められてきました。そして、1983年に至り、一般国民との比較において妥当な水準（67・1％）に達したと判断されたことから、1984年度からはこの水準で固定化され、2003年度になって、年金額の減額に合わせて戦後初めて、0・9％の減額となりました。また同年の社会保障審議会生活保護制度の在り方に関する専門委員会の議論を経て、2004年度から老齢加算が、2005年度から母子加算が段階的に実施され、老齢加算は2006年度に全廃となりました。母子加算は2009年度に全廃となりました。2005年から高校等就学費が創設された他は、2007年までは概ね抑制基調が続いたといえます。しかし2009年政権交代後、母子加算が復活し、子ども手当についても同額加算措置が取られました（高校授業料も無償化）[3]。

第6章　生活保護をめぐる最近の動きと改革の方向性

(3) 注目すべき動き

生活保護基準をめぐっては、以下の注目すべき動きがあります。これらの動きが市民運動や、諸審議会や研究会、そしてまた政治の動きの中で、どの動きが主流になるかで生活保護基準は最終的に決定されていくと思われます。

ア　ナショナルミニマム研究会

ナショナルミニマム研究会（長妻厚生労働大臣〔当時〕の私的研究会）中間報告（2010年6月）保護基準について「社会保障制度等の共通の基準」と位置付けるとともに、ナショナルミニマムの質的側面（人間関係、社会活動参加）や、金銭的な指標を補う概念として「相対的剥奪」や「社会的排除」の重要性を指摘しました。政府文書として、初めて生活保護基準の役割を確認し、その質的側面を指摘したものとして重要です。

イ　年金

消費者物価指数が下がったことから、5年ぶりに、2011年度に年金額は0・4％、2012年度から0・3％引下げられました。2011年8月26日、社会保障審議会年金部会へ示された国の意見では、最低保障年金7万円（現在平均5・4万円に1・6万円加算）を提唱するとともに、マクロ経済スライド（保険料収入に上限を設け、その範囲内で給付を調整するために設けられた制度）をデフレ下でも発動すべきとしています。生活保護とは緊張関係にある年金額の引下げは生活保護基準額にとってはマイナスに働くと考えられます。

しかし、年金額を問題にするなら、基礎年金保険料を40年納付しても、月額65541円という低さであること、基礎年金のみか旧国民年金受給者の計1092万人の実際の受給年金月額は49000円

という低額さを問題にすべきでしょう。

ウ　最低賃金

　最低賃金額は、2007年の法改正以降、生活保護基準との「逆転現象を解消するため」2008年から毎年増額されてきました。2011年改定額の全国加重平均額は737円（2010年度730円）です。政府は、これによって、地域別最低賃金額が生活保護水準と逆転していた9都道府県のうち6都府県で逆転が解消され、現時点でなお生活保護基準額が上回っているのは、北海道、宮城、神奈川の3道県としています（ただし、2012年7月時点では、11都道県に拡大）。

　しかし、この政府見解には問題があります。政府試算の生活保護基準額には、就労すれば必ず収入から控除される基礎控除がまったく考慮されていないのです。人が就労すれば、職場によっては服を整えたり、靴も消耗します。また外食費、交際費も必要となるでしょう。こうした費用に対応するため、就労に応じて、それらの費用を基礎控除として生活保護基準額に上乗せしています。また、就労インセンティヴ（刺激）を目的として、就労して得た金額の一定部分を収入から除外し就労すればするほど手元に残る金銭を多くする仕組みも基礎控除の役割となっています。よって、少なくとも必要経費70％、就労奨励分は30％とされています。これを考慮すれば、現時点でも、全都道府県で、生活保護基準額が最低賃金と比較すべきです。これを考慮すれば、現時点でも、全都道府県で、生活保護基準額が最低賃金を上回ります。[4]

エ　生存権訴訟

　2005年以降、老齢加算減額廃止処分取消訴訟、母子加算減額廃止処分取消訴訟が提訴されました。

第6章　生活保護をめぐる最近の動きと改革の方向性

母子加算訴訟は母子加算の復活により取り下げられましたが、原告が敗訴した東京高裁判決について、最高裁は原告の上告を棄却しました。しかし、原告が勝訴した福岡高裁判決は、2012年4月2日に最高裁は破棄差し戻しの判決を出し、新たな闘いが始まっています。

オ　社会保障審議会基準部会で保護基準についての検証開始

2011年4月から「5年に1度実施される全国消費実態調査の特別集計データ等を用いて、専門的かつ客観的に評価・検証を実施する」（2011.4.19第1回資料）目的で保護基準の検証が始まっています。2012年末までに検証結果が出される予定です。

しかし、政府は表向きの開催動機を越えた意図を露にしています。第1回部会で、岡本厚生労働省政務官（当時）は「納税者の皆さんが一定程度納得する話にしていかないと、これから増税の議論が出てくるときに耐えられない制度であってはいけない」（第1回議事録）と述べています。増税のために保護基準を引き下げると言わんばかりです。

カ　提言型政策仕分けでの生活保護基準に関する提言

2011年11月23日に財務省主導の行政刷新会議のいわゆる事業仕分けが行われ、「生活保護基準（支給額）については、自立の助長の観点を踏まえ、基礎年金や最低賃金とのバランスを考慮し、就労インセンティブを削がない水準とすべき」（傍線部筆者）と提言されました。しかし、これは、上記イ、ウで述べた、年金の実態や、最低賃金額を曲がりなりにも上げてきた経過をまったく無視する乱暴極まりない提言です。

キ　「生活保護給付水準10％引き下げ」を主張する自民党案

103

2 生活保護制度

(1) 特徴

この間の特徴は、制度そのものに関しては大きな制度変更はありませんが、大都市中心に、主として財政負担回避の観点からの改革案が提示され、2011年5月から国と協議が始まり、2011年12月に「中間とりまとめ」が出されたことです。また、政府は、「生活支援戦略」により、生活保護法の改正も視野に入れた改革を検討しています。これら地方側と、国の動きから考えると、生活保護制度の迅速有効な活用とは反対に、制限的な運用が危惧されるものとなっています。

(2) 注目すべき動き

ア　国と地方の協議（2011年5月から10回の協議を経て12月「中間とりまとめ」）

生活保護制度をどのように改革すべきかは、まずは、制度の対象である貧困がどの程度存在しているか

自民党は、最低賃金や、年金より生活保護基準額が高いため、自立できる人が保護に頼っているとして、基準額10％引き下げを主張しています（「The Jimin NEWS」H24.4.16）。しかし、イ、ウで述べたように、最賃額や年金額の低さこそが問題であって、それに合わせて生活保護基準額を引き下げれば、生活保護を受けられない人が増加し、餓死、孤立死の増大につながることは避けられません。保護基準額引き下げは「貧困スパイラル」を招き、国民総貧困化を招く暴論と言わざるをえません。

第6章 生活保護をめぐる最近の動きと改革の方向性

か調査を行い、これに対して制度目的である健康で文化的な最低生活が市民に対してどの程度保障されているかどうか、制度の効果測定から始めるべきでしょう。すなわち、雇用不安を根源にした貧困の拡大に対して、国と地方がその制度、役割を最大限発揮して、反貧困戦略とでもいうような貧困削減計画を協議し実効性のある方策を話し合う場であるべきです。

ところが、中間取りまとめは、「漏給防止の徹底」が項目として挙げられてはいるものの「生活保護費の適正支給」の1項目として挙げられるにとどまるなど、依然として、生活保護費の膨張が財政を圧迫し、生活保護利用者の「やる気」を問題にし、その「やる気」を喚起する方策の協議に終始しています。

中間とりまとめでは、事実上の生活保護の有期化が懸念される「期間を設定した集中的かつ強力な就労・自立支援策」や「社会的自立に向けた取組みの強化」が盛り込まれました。もとより、「福祉事務所とハローワーク等関係機関との連携強化」や「子どもの貧困連鎖解消に向けた取組」、「被災者の自立、就労支援策」などの積極的施策展開も示されていますが、収入資産調査の厳格化や不正受給事案の厳罰化などが提案されています。医療扶助では当初懸念された、受診時一部負担金制度の導入などはさすがに見送られました。

なお、ケースワーカーの確保や過重な事務負担の軽減などの指摘と改善方策は喫緊の課題です。中間とりまとめが「きめ細かな『伴走型』の支援」の必要性を認めた意味は大きいのですが、ケースワーク業務の一部外部委託も明言されており、公的責任を堅持し、最近増加している福祉職採用など福祉事務所職員側の専門性確保と合わせて行わなければ実効ある支援は成功しないと思われます。

イ　国の「生活支援戦略」(中間とりまとめ、H24年7月)

総編では、貧困の広がりや社会的孤立を直視するとともに、「貧困の連鎖の防止」、社会的包摂等がめざされています。

しかし生活保護では、保護基準について、一般低所得世帯との比較を強調するとともに、自治体の調査権や、医療機関への指導権限の強化、そして芸能人の母親の生活保護受給に影響されたのか「扶養可能な扶養義務者には（必要に応じて保護費の返還を求めることも含め）適切に扶養義務を果たしてもらうための仕組を検討する」が盛り込まれています。さらに、詳細は不明ですが「就労収入積立制度（仮称）」（就労収入の一部を積み立て生活保護脱却後に還付する制度）などが提案されています。

ウ **医療扶助自己負担制や稼働層を対象とする「有期制」の導入を主張する自民党案**

ここでも、自民党は、医療扶助自己負担制や、稼働層の保護利用権を侵害する「有期制」を主張しており、国と地方の協議で検討されたことを露骨に主張しています。

3 法解釈・行政運用の妥当性

（1）特徴

この間の特徴は、国通知レベルでの改善（申請権、自動車保有、路上からの保護、震災等）は進んでいますが、現場では必ずしも徹底されていません。また、稼働年齢層の増加の中で、現場や裁判で稼働能力活用要件が争点となっていることが特徴です。

第6章　生活保護をめぐる最近の動きと改革の方向性

（2）注目すべき動きと現状

ア　行政運用の状況

① 実施要領の改正（保護申請権と自動車保有）

保護申請権の尊重が強調され、保護相談時の申請意思の確認が義務付けられ、行政側の面接票にもそのチェック欄が設けられました[5]。ただ、申請権の強調によっていわゆる「水際作戦」が根絶されたかというと、まったくそうではなく、大阪市では保護申請時の稼働能力活用を求める運用が強化されていますし、2012年1月札幌市白石区では3回にわたる保護申請が認められずに、40代姉妹が孤立死するなど、水際作戦が根強く続いているのが現状です[6]。

他方、自立支援の観点からの自動車保有の緩和措置がとられていますが（保護申請後6ヶ月の保有を認める、保育所での送迎でも認める等）、要件が厳しすぎ現場では生かされてはいません[7]。

② 路上からの保護

運用面でのこの間の大きな改正は路上からの生活保護適用がスムーズに認められるようになったことです。特に、2009年3月18日厚労省保護課長通知等、派遣村以降の改善（①路上からの生活保護適用、②居宅保護のための敷金や家賃、布団や家具什器代を支給し居宅保護の条件を確保、③保護申請即保護費支給、④稼働年齢層への保護）により、稼働年齢層の保護についてハードルが低くなったといえます。

③ 東日本大震災関連

今回の大震災に対する生活保護の対応は、阪神大震災時の教訓を生かして国からは、いち早く前向きの通知等が出されているにもかかわらず、地域でかなりの運用差、温度差があることです。特に、義捐

イ　生活保護審査請求・裁判の動向

① 全体の傾向

2004年、老齢加算減額処分の取消しを求めた審査請求が集団的に提起されて以降、審査請求数は格段に増加しています。審査請求は裁判の前段の解決手段としてここ数年で根付きつつあるといえます（2009年度707件）。ただし、認容率（請求人の請求が認められる例）は低く改善の余地が大きいといえます〔認容裁決12％、実質的な請求人の勝利〔認容＋原処分取消・変更による〕まで広げても20％〕。

② 稼働年齢層をめぐる裁判の増加

裁判では、稼働年齢層の生活保護利用者の増加を反映して、稼働能力活用を争点とする裁判が次の5ヶ所で争われています。①2011年11月8日東京地裁判決〔原告勝訴〕 ②2012年7月18日東京高裁判決〔原告勝訴・確定〕 ②静岡（64歳男性、自立支援プログラム終結後廃止事例）③2011年3月6日滋賀地裁判決〔原告勝訴・確定〕（長浜の40代男性、保護申請時の稼働能力活用）④岸和田（30代男性、保護申請時の稼働能力活用）⑤那覇（60歳女性、自立支援プログラム終結後廃止事例）

これらの裁判の特徴としては、①稼働年齢層の生活保護利用者増の中で起きていること、②保護申請時の能力活用要件が争われていること（長浜、岸和田）、③自立支援プログラムと能力活用要件との関係が争点となっていること（静岡、那覇）、④中高年齢者の稼働能力活用支援の在り方が問われていること（静岡、那覇）です。

第6章 生活保護をめぐる最近の動きと改革の方向性

ウ 貧困ビジネス

貧困ビジネスとは、貧困層をターゲットにして、かつ貧困からの脱却に資することなく、貧困を固定化するビジネスとされています（湯浅誠）。典型的には、野宿者に生活保護を受けさせ、対価に見合わない劣悪な住居に囲い込み、粗末な食費を押し付けるなどして、生活保護費からピン撥ねをして搾取を行う業者のことです。行政と業者の根強い「癒着」や「連携」、住居確保の困難（保証人等）、支援サービスの内容と位置付けの不透明さ、住宅扶助の在り方（家賃実額保障主義。居住水準を問わない）等が絡みあった問題といえ、各地で裁判で争いになっています。

4 制度を支える体制（組織・業務・財政・人的体制）

（1）特徴

この領域でのこの間の特徴としては、2000年に配置基準（80世帯に1ケースワーカー）が法定数から標準数に緩和されたこと、総務省の定数管理等もあって、増加する生活保護利用者に対して、ケースワーカーの配置が追いついていないことです。また自治体が配置基準そのものを緩和すると同時に、任期制職員を配置するなどケースワーカーの身分、質が問われる事態にもなっています。

（2）注目すべき動き

ア 生活保護ケースワーカーの配置状況等

109

2009年福祉事務所現況調査によれば、配置充足率は89・2％（市部88・2％）、資格（社会福祉主事資格）取得状況は現業員74・2％、査察指導員74・6％にとどまっています。経験年数は、現業員（1年未25・4％、1年以上～3年未37・9％、3年以上36・7％）、査察指導員（1年未26・3％、1年以上～3年未38・8％、3年以上34・9％）です。

イ　財政負担

地方側は、国家責任原理等の制度原理や、事務の性格上、地方側に裁量の余地がほとんどないことなどから全額国庫負担化を要求していますが、前述の国と地方の協議「中間取りまとめ」では、中長期的な課題とされるにとどまっています。

5　方法論（ソーシャルワーク）と社会資源

（1）特徴

この領域の特徴としては、生活保護制度の在り方を検討する専門委員会で自立支援プログラムが提起され、2005年から国も推進しています。一部自治体（釧路、板橋、山城北等）では先進的な取組みが進んでいますが、なお主流にはなっていません。また、「居場所づくり」「寄り添い型支援」などが強調され、パーソナルサポーター等が全国的に配置されましたが、制度化までは至っていないのが現状です。さらに、学習支援の取組みも全国に広がりつつあります。

社会資源としては、リーマンショック後、生活福祉資金の再編成、住宅手当、職業訓練中の生活保障

第6章 生活保護をめぐる最近の動きと改革の方向性

給付などが具体化され、求職者支援法が2011年10月から施行されました。住宅手当は2013年3月まで延長されました。

（2） 注目すべき動き

ア 自立支援プログラムの策定状況（2010年3月末）

総計は3787です。内訳は、経済的自立1520、日常生活自立1965、社会生活自立3029となっています。社会的自立支援プログラムの立ち遅れが目立ちます。参加者17万4314、達成者数6万6559となっています。

イ 自立支援プログラムの課題

最低生活保障と自立助長を主要目的とする生活保護において、「利用しやすく自立しやすい」生活保護をコンセプトとして、とりわけ自立へのバネとすべく導入されたのが自立支援プログラムです。社会的排除や多重債務、虐待、野宿等の生活問題の複雑重度化に対応し、専門性の浅いケースワーカーを支援するツールとして策定されました。

福祉事務所側には、このプログラムによって、多様な対応（複雑、重度な生活問題への対応）、早期の対応（早期に対応し、長期の生活保護利用を防止）、システム的な対応（経験の浅いケースワーカーでも対応可能）が期待されました。

しかし、2005年度からの実施後、相当数のプログラムが策定されており、典型例も見受けられるようになってきていますが、なお支援の主流には至っていません。

111

生活保護からの「出口戦略」の課題を中心にさしあたり以下の課題の解決が必要です。

第一に、現在の失業率の高止まり状況を考慮すれば、緊急雇用対策などの公的就労の場の創出と、そうした場での就労への誘導策が不可欠です。

第二に、保護利用者の学歴、資格などのスキルアップ、能力・希望に応じた中間的就労の場などの公的・民間の共同による確保が必要です。

第三に、経済的（就労）自立に偏せず、むしろ社会的自立をメインにしたものへ「自立論」を組み換え・再構成が重要です（釧路ですでに取り組まれています）。

第四に、「費用対効果」論への有効な対抗論の構築です。自立支援プログラムといえば、何人就労し、いくら保護費が減額できたかが効果測定の指標とされる傾向にあります。しかし、繰り返し述べているように、昨今の雇用労働状況は、それほど甘くはありません。労働市場から排除された人々を、多少のスキルアップ等をすれば、すぐに市場に再参入できる状態ではないのです。そうした状況の中で、保護受給者が中間的就労で段階的に「笑顔」が増え、生きがいが増加していくことの価値を正当に評価していくべきでしょう。引きこもっていた人が外出できるようになり、だんだんと元気になっていけば長期的には医療費の削減にも資すると思われます。

6 小括（全体評価）

以上をまとめれば、

第6章 生活保護をめぐる最近の動きと改革の方向性

第一に、近年の貧困の拡大・可視化や「貧困の再発見」、支援運動の広がりを反映して、生活保護の利用は急速に進みつつありますが、保護率、捕捉率から見れば、生活保護の役割発揮は、未だ緒に就いた段階です。

第二に、失業率の高止まり、非正規労働の増加や、雇用保険での捕捉（完全失業者の2割）等を考慮すると、生活保護利用者の増加は今後も必至といえるでしょう。

第三に、一部自治体での先進的な取組は続けられている一方、国と地方の対応は、主として財政的観点、納税者の理解を強調しており、生活保護制度の機能の強化ではなく、制限に動く懸念があるといえるでしょう。

7 改革の視点、方向性

最後に、生活保護制度の改革の方向性を列記して本稿を終えます。

（1）基本的な観点

ア 生活保護制度は、その目的である最低生活保障を十分に達しているかを制度の効果測定の基準とすべきです。

イ 当事者、利用者参加による政策決定がなされているか等手続き的な側面を重視すべきです。

(2) 各領域での視点・方向性

ア　保護基準

全体の所得が低減傾向のもとでは、これまでの消費水準均衡方式、低所得者との均衡論の問題点（どこまで下がってしまう）がはっきりしてきます。

さしあたって、①当事者参加による基準作りと市民合意の形成、民主的な決定、②格差を縮減してきた経過の尊重、③保護基準は生存権の根幹に関わる課題です。憲法25条2項の国の社会保障増進義務が問われます。④生活保護基準は「社会保障制度等の共通の基準」にとどまらず、最賃、年金、課税最低限、社会福祉・社会保険の自己負担額等に影響する「岩盤」であること、ナショナルミニマムであること等を不可欠の要素として検討されるべきです。

イ　制度

「利用しやすく自立しやすい生活保護」を実現する制度へと改革することです。すなわち、生活保護制度、保護基準の広報。申請用紙の窓口配布。インターネット申請を可能にする。資産保有を緩和する①自動車保有を原則容認、②貯金は最低生活費の3倍まで容認）。稼働能力活用要件は、保護の入り口段階では求めない。権利としての自立支援の構築　（例）自立支援給付（扶助）の創設　など。

ウ　支援

「指導指示型」ではなく、「寄り沿い型」「伴走型」支援を本流にする取り組みを強化することです。前述の「出口戦略」を確立し、自立論の再構成と評価指標の確立、能力活用との関係整理等を行うことが必要です。

第6章　生活保護をめぐる最近の動きと改革の方向性

自治体における専門職採用の促進と基準に即した正規職員ケースワーカーの配置を行うこと、パーソナルサポーター等の制度化と生活保護ケースワーカーとの役割分担の明確化が必要です。

エ　財源　　全額国庫負担化は当然です。

オ　社会保障、社会資源の強化

縷々述べてきたように、生活保護への負荷を減じるには、それに至る前段でのセーフティネットの強化が求められます。

そのためには、労働者派遣法の抜本改正[8]、「サービス残業解消型ワークシェアリング」（400万人を超える雇用が可能）など、現在の貧困拡大の元凶である労働問題の解決が喫緊の課題です。小手先の対応ではなく、本格的なディーセントワーク（まともな仕事）の保障が重要です。

また、現行の雇用保険失業手当のカバー率の向上や、第2のセーフティネットの強化も重要です。求職者支援法の条件緩和はもとより、たとえば生活保護基準の1.3倍程度での住宅扶助の単給化（住宅手当制度の恒久化）、同じような所得水準での医療扶助の単独制度化（現行制度による結果的な単給化とは異なる）等が重要であると考えます。

注記：本稿は、同名の拙稿〔貧困研究会編集・発行『貧困研究』Vol.8、明石書店、pp83-98〕を大幅に縮小し修正したものです。

115

【注】

1 生活保護基準額の影響は、貧困研究会編集・発行『貧困研究』Vol.8、明石書店、p97の図参照。

2 「骨太方針」とは、自公政権時代の「経済財政改革の基本方針」の略称で、小泉内閣発足直後の2001年から毎年策定され、国の毎年の予算編成の基本的な枠組みを決めていた。

3 保護基準額の変遷は、詳しくは、前掲『貧困研究』p86の表参照。

4 生活保護基準と最低賃金額の比較は、前掲『貧困研究』p89の表参照。

5 実務のマニュアルである『生活保護手帳』（生活保護に関する告示や通知を集めたもの）では、次官通知第9で「生活保護は申請に基づき開始することを原則としており、保護の相談に当たっては、相談者の申請権を侵害しないことはもとより、申請権を侵害しているような行為も厳に慎むこと」とされている。

6 2012年1月21日付け「北海道新聞」他。

7 たとえば、保育所等の送迎のための通勤用自動車の保有については、「当該自治体の状況等により公共交通機関の利用が可能な保育所等が全くないか、あっても転入所がきわめて困難であること」という条件が付されている（『生活保護手帳別冊問答集2010』問3－17）。

8 残念ながら、労働者派遣法の改正案は、製造業派遣や登録型派遣など当初案では禁止していたものを復活させるなどして、いわば「骨抜き」で2012年3月に成立した。

【執筆者紹介】（50音順）

井上　英夫（いのうえ　ひでお／第5章）
金沢大学名誉教授。生存権裁判支援全国連絡会会長、老人福祉問題研究会会長。社会保障法学・福祉政策論が専門。著書に『住み続ける権利』（新日本出版、2012年）など。

小山　哲（おやま　さとし／第1章8,10,13）
日弁連貧困問題対策本部事務局、岐阜県弁護士会憲法問題プロジェクトチーム副委員長（貧困問題担当）、ぎふ反貧困ネットワーク事務局など。

小久保　哲郎（こくぼ　てつろう／はじめに、第1章2,3,4,9,11）
生活保護問題対策全国会議事務局長。野宿生活者や生活保護利用者の法律相談や裁判に取り組んできた。編著書に『すぐそこにある貧困・かき消される野宿者の尊厳』（法律文化社、2010年）など。

田川　英信（たがわ　ひでのぶ／第1章1,5）
自治労連・憲法政策局長。世田谷区の福祉事務所3ヶ所で計15年間、生活保護の仕事に従事。全国公的扶助研究会会員、反貧困ネットワーク会員。

徳武　聡子（とくたけ　さとこ／第2章、第4章）
大阪司法書士会人権委員会副委員長（貧困・労働問題担当）、生活保護問題対策全国会議事務局次長、他。消費者取引被害や生活保護問題などに取り組む。

藤田　孝典（ふじた　たかのり／第1章7）
NPO法人ほっとプラス代表理事。社会福祉士。生活困窮者支援の現場でソーシャルワーク実践を10年経験。生活保護問題対策全国会議幹事、反貧困ネットワーク埼玉代表。

水島　宏明（みずしま　ひろあき／第3章）
法政大学社会学部教授。札幌テレビ、日本テレビを経て現職。主なドキュメンタリー作品に「母さんが死んだ～生活保護の周辺」「ネットカフェ難民」シリーズなど。

吉永　純（よしなが　あつし／第1章12,15,16,18、第6章）
花園大学社会福祉学部教授。全国公的扶助研究会会長。著書に『生活保護の争点』（高菅出版、2011年）など。

和久井　みちる（わくい　みちる／第1章6）
2007年から2011年まで生活保護制度を利用していた元生活保護利用者。生活保護問題対策全国会議会員。

渡辺　潤（わたなべ　じゅん／第1章14,17）
全国公的扶助研究会事務局長。著書に、杉村宏編著『格差・貧困と生活保護』（共著、明石書店、2007年）など。

【編者紹介】
生活保護問題対策全国会議

　生活保護制度の違法な運用を是正するとともに、生活保護費の削減を至上命題とした制度の改悪を許さず、生活保護法をはじめとする社会保障制度の整備・充実を図ることを目的として、2007年6月に設立された市民団体。全国の弁護士、司法書士、研究者、ケースワーカー、支援者、生活保護利用当事者など三百数十名で構成。意見書・声明の発表、シンポジウムの開催、議員ロビイングなどに積極的に取り組んでいる。
　ブログ　http://seikatuhogotaisaku.blog.fc2.com/

間違いだらけの生活保護バッシング
──Q&Aでわかる 生活保護の誤解と利用者の実像

2012年8月20日　初版第1刷発行
2014年1月30日　初版第3刷発行

編　者　　生活保護問題対策全国会議
発行者　　　　　　石　井　昭　男
発行所　　　　　　株式会社 明石書店
　　〒101-0021 東京都千代田区外神田6-9-5
　　　　　電　話　03(5818)1171
　　　　　ＦＡＸ　03(5818)1174
　　　　　振　替　00100-7-24505
　　　　　　http://www.akashi.co.jp
装　丁　　　　　　藤　本　義　人
組　版　　朝日メディアインターナショナル株式会社
印刷・製本　　　　モリモト印刷株式会社

(定価はカバーに表示してあります)　ISBN978-4-7503-3651-0

JCOPY 〈(社)出版者著作権管理機構 委託出版物〉
本書の無断複写は著作権法上での例外を除き禁じられています。複写される場合は、そのつど事前に、(社)出版者著作権管理機構（電話 03-3513-6969、FAX 03-3513-6979、e-mail: info@jcopy.or.jp)の許諾を得てください。

貧困問題がわかる シリーズ 全3冊

▼大阪弁護士会 編

■四六判/並製 各1800円

最大の人権問題といえる貧困問題の解決には、雇用・福祉の各分野の制度・政策に関する横断的な理解が必要。大阪弁護士会が実施する講座を基に、問題のポイントをわかりやすく解説するとともに、具体的な政策を問う書籍シリーズ。

❶ 貧困を生まないセーフティネット

貧困から人びとを守るべき生活保護・年金・雇用保険・住宅のセーフティネットについて、第一線の研究者が提言する。【執筆者】吉永純／阪田健夫／里見賢治／和田肇／木下秀雄／平山洋介

❷ 貧困の実態とこれからの日本社会
——子ども・女性・犯罪・障害者、そして人権

子ども・女性・犯罪・障がいといった諸相に表れる貧困問題について第一線の研究者が提言し、今後の日本社会のあり方を問いかける。【執筆者】阿部彩／大沢真理／浜井浩一／尾上浩二／二宮厚美

❸ 世界の貧困と社会保障——日本の福祉政策が学ぶべきもの

ヨーロッパ・アメリカ・アジア各国の貧困問題に対する政策・福祉制度を知り、日本が学ぶべき点を考えていく。【執筆者】渡辺博明／山田真知子／木下武徳／丸谷浩介／布川日佐史／ヨハネス・ミュンダー／福原宏幸／脇田滋

間違いだらけの生活保護「改革」
生活保護問題対策全国会議編
Q&Aでわかる基準引き下げと法改正の問題点
●1200円

Q&A 生活保護利用ガイド
山田壮志郎編著
健康で文化的に生き抜くために
●1600円

子どもの貧困と教育機会の不平等
鳫咲子
就学援助・学校給食・母子家庭をめぐって
●1800円

貧困研究
貧困研究会編
日本初の貧困研究専門誌
【年2刊】●1800円

世界格差・貧困百科事典
駒井洋監修 穂坂光彦監訳
●38000円

二極化する若者と自立支援
宮本みち子、小杉礼子編著
「若者問題」への接近
●1800円

日弁連 子どもの貧困レポート
日本弁護士連合会第153回人権擁護大会シンポジウム第2分科会実行委員会編
弁護士が歩いて書いた報告書
●2400円

貧困とはなにか
ルース・リスター著 松本伊智朗監訳 立木勝訳
概念・言説・ポリティクス
●2400円

〈価格は本体価格です〉